AMERICAN INSTITUTE OF MUSICOLOGY
ARMEN CARAPETYAN, Ph. D.,
DIRECTOR

CORPUS SCRIPTORUM DE MUSICA

12

MS. OXFORD, BODLEY 842
(WILLELMUS)

BREVIARIVM REGVLARE MVSICAE

Edidit Gilbert Reaney

MS. BRITISH MUSEM, ROYAL 12. C. VI

TRACTATVS DE FIGVRIS SIVE DE NOTIS

Edidit Gilbert Reaney

JOHANNES TORKESEY

DECLARATIO TRIANGVLI ET SCVTI

Ediderunt André Gilles & Gilbert Reaney

AMERICAN INSTITUTE OF MUSICOLOGY
1966

INTRODUCTION

Although it is now realised that English medieval music is as valid artistically as any from the continent, the field of music-theory in medieval England is largely a closed book. Admittedly Coussemaker has published a number of English treatises, but these all need reediting. For the rest, we have mainly the late Manfred Bukofzer to thank for making available to us authoritative texts on English discant and fauxbourdon. And yet such places as Canterbury, Oxford and especially Bury St. Edmunds were centres of musical thought in the late Middle Ages and often earlier. The *De Musica* of Boethius and that of Augustine were well known at Canterbury [1], and even at Dover Priory, an offshoot of Canterbury, music was studied intensively from the twelfth century at least. The monk Theinred, who was a contemporary of John of Salisbury [2], addressed his very individual study of intervals and proportions to Aluredus of Canterbury. Unfortunately we only know the work of this opponent of Guido from the late fourteenth or early fifteenth century copy in the Oxford ms Bodley 842 [3]. It connects up interestingly with German organ treatises, for a tabular diagram gives all the different forms of alphabetical notation, while the concluding section on organ-pipes is nothing less than a copy of the corresponding section of the treatise attributed to Gerlandus [4]. The manuscript itself has a clearly pedagogic destination. This becomes clear from the words which end Theinred's treatise: "Explicit informatio iuvenum".

Although this work takes up more than half the manuscript, several other important treatises are to be found in it. Preceding these and following Theinred's study are some fifteenth century additions, of which only two are of interest. One is the brief treatise on English discant by Richard Cutell, already published by Bukofzer [5], and the other a curious piece built like a two-voice *ballade* in *tempus imperfectum cum prolatione*

1 Cf. M. R. James, *The Ancient Libraries of Canterbury and Dover* (Cambridge, 1903), p. 8, items 39-40; p. 18, items 36-37, etc.

2 J. Giles, *Joannes Saresberiensis, Opuscula* (Oxford, 1848), p. 35.

3 ff. 1-44v.

4 M. Gerbert, *Scriptores ecclesiastici de musica sacra potissimum* (St. Blasien, 1784 and reprints), I, pp. 217 f.

5 M. Bukofzer, *Geschichte des englischen Diskants und des Fauxbourdons nach den theoretischen Quellen* (Strasbourg, 1936), pp. 141-143.

perfecta[6]. The interesting thing about this work is that it employs the most distant sharps and particularly flats, such as C and G flat. These are carefully cancelled by the letter indicating the natural note in question, C and G in this case. The obscure Latin doggerel accompanying the piece seems to refer to the new methods of using *musica ficta,* apparently on instruments.

The other treatises written in the main hand are Franco's *Ars cantus mensurabilis*[7], his *Compendium*[8], which Besseler considers unauthentic[9], and the *Breviarium regulare musicae*[10]. These are followed by some unrelated pages on intervals[11], mainly drawn from the *Quatuor Principalia Musicae,* and by *diversae conclusiones*[12] which appear to be the final part of the *Breviarium,* but in fact are not.

Bodley 842 is evidently a copy of an older manuscript, since an old library catalogue of the Augustinian Friars at York dating from 1372 contains an entry relating to a manuscript practically identical with ours[13]. This ms contained the four principal treatises of our manuscript, and moreover the *Breviarium* is not anonymous as it is in the Bodley manuscript. It is ascribed to a certain Willelmus. The logical assumption is that our manuscript is a slightly later copy of an original Dover ms, which was in fact presented by John Erghome to the Augustinian Friar's Library at York towards the end of the fourteenth century. In 1477 this copy was sold by a carpenter named Sproxton to St. Mary's Abbey, Byland in Yorkshire, according to a contemporary note on f. 1. With regard to the name Willelmus, it is often quoted in the 1389 catalogue of Dover Priory. Item 231 is an *Instituta Willelmi prioris*[14], item 247 a *Liber decretorum Willelmi*[15], and item 295 *Willelmus in sacramentali*[16]. Another connection with Dover may be drawn from the rather late, sixteenth century writing on f. 64 v. There we find the name John Prior, and although there were doubtless John Priors outside Dover, it is noteworthy that the

6 ff. 45 v-46.

7 ff. 49-59 v.

8 ff. 60-62 v.

9 'Franco von Köln', *Die Musik in Geschichte und Gegenwart,* IV (Kassel and Basle, 1955), 693 f.

10 ff. 62 v-73 v.

11 ff. 74-76.

12 ff. 76-77 v.

13 M. R. James, "The Catalogue of the Library of the Augustinian Friars at York, now first edited from the Manuscript of Trinity College, Dublin", in *Fasciculus Ioanni Willis Clark Dicatus* (Cambridge, 1909), p. 83, no. 645.

14 M. R. James, *The Ancient Libraries of Canterbury and Dover* (Cambridge, 1903), p. 424.

15 *Ibid,* p. 425.

16 *Ibid,* p. 427.

17 *Ibid,* p. 421.

1389 library list contains this name several times. Item 164, for instance, is a *Legenda sanctorum in gallica J. Prioris* [17], and item 287 a *Tabula super summa Reymundi J. Prioris* [18].

The treatise of Willelmus apparently derived its inspiration from the *Compendium* attributed to Franco, since both start in very much the same way. Their authors have read many and varied works of music-theory, and they want to put together the salient points for the benefit of students [19]. Unfortunately there is a page missing immediately after the first few lines of Willelmus' treatise, but these lines set the stage as it were for what is to come. "I have read the writings of many musicians and studied works for the practice of music", says the author; and indeed he displays his erudition much more openly than is usual. He quotes many authorities from Franco to Johannes Torkesey, including some that are now lost.

Chapter one was on the missing page. Chapter two is a monochord division followed by the usual proportions. The third chapter is more valuable, for in it Willelmus considers musical intervals, note values and pauses from a more personal standpoint. His table of notes is taken from the well-known chapter three of Boethius' fourth book on music. Like Theinred, the author of the *Breviarium* is comprehensive. He gives first the Greek note names, then their proportional values, then the Greek note-symbols and finally two medieval letter systems, the second of which is the Guidonian. Willelmus seems to prefer the other, A.b.c.e.ᑲ.i.m.o.x.y.c.d.f.n.l. In fact he arranges these on a full-page drawing of a harp with 15 strings and what is either a tuning-key or a plectrum. This is valuable proof of the existence of many-stringed harps in England about 1400, for surely this illustration has more than theoretical value. French harps of course are usually much smaller at this period.

After giving the note-names and symbols after Boethius, Willelmus goes on with plainsong symbols and their names according to Walter Odington [20]. This is fortunate, because it enables us to improve for once on the faulty and late copy of Odington's *De speculatione musicae* in ms 410 of Corpus Christi College, Cambridge.

18 *Ibid,* p. 427. It might be argued that the name is more likely to be that of John Aske, last Prior of the Augustinians at York, whose signature authorised the surrender of his house on November 28th, 1538 (James, *The Catalogue of the Library of the Augustinian Friars...*, p. 4), but this fails to take into account the removal of the ms to Byland as early as 1477.

19 Cf. C. E. H. Coussemaker, *Scriptorum de musica medii aevi nova series* (Paris, 1864-1876 and reprints), I, p. 154: "Ego, Franco de colonia,..." with "Multorum cantorum scripturas varias ac opera ad *practicam* musicae laborata investigando dispersa conspexi, quae ad meam iuvenumque uti- [litatem]..."

20 C. E. H. de Coussemaker, *Scriptorum de musica medii aevi nova series* (Paris, 1864-76 and reprints), I, p. 213 f.

The next section will be treated in full, because it is the most important from the viewpoint of mensural theory and terminology. Every note, according to Willelmus, is simple or *fecunda*. A simple note is evidently the smallest value in use, and in fact turns out to be identical with the semiminim. All other notes are *note fecunde* because they are divisible into parts of lesser value. Here Aristotle is quoted, as having said that the least thing is always the measure of the greater in the same class. Willelmus believes this must apply to music too, and so we must always start with the simple note, the semiminim. His second distinction concerns ligatures. Notes are either *separata* or *ligata*. Again, one note is slow, another quick. Odington is again the authority for the statement that the slow note is called a long and the quick one a breve [21]. Then there are divisions into plain notes and plica notes. For this definition Willelmus goes to the famous sentence of Franco: *Plica est nota divisionis eiusdem soni in grave et acutum*, which of course occurs in its context on f. 52v of the same manuscript. Furthermore, every note except the *largissima* is *recta* or *altera*, or according to some authorities minor or major. Every note greater than the semiminim (*omnis nota fecunda*) is perfect or imperfect, and this is the opinion of the moderns. The series of perfect notes according to Willelmus, though others would differ on this point, is as follows: *largissima, larga, longa, brevis, semibrevis, minuta, minima*. The *minuta* is what we would call the minim and the *minima* is the semiminim, also called *simpla* or *crocheta* by Willelmus. His intention is obvious. When he calls the semiminim the *minima*, he is making sure that he uses the word meaning the smallest value for what is in fact the smallest value, the semiminim.

Odington's statement that the earliest writers of organum wrote in duple time in conformity with poetic meter has troubled many musicologists. Willelmus however merely quotes Odington and goes on to say that a perfect long is triple, a duplex longa equals two perfect longs and such a figure avoids breaking up the tenor of the plainsong.

The lack of a historical viewpoint is particularly evident in late medieval discussions about the smallest note-value. It would be clear to us that Franco, Odington and the author of a treatise beginning *Quoniam de mensurabili musica* [22] considered the semibreve as the smallest possible note-symbol because they lived before the minim was invented. But this chronological outlook does not seem to be a part of Willelmus' philosophy,

21 *Ibid*, p. 235.

22 The treatise is apparently lost. The nearest approach to such an incipit occurs in London, British Museum, Add. ms. 21455, f. 3: *Cum de mensurabili musica sit nostra presens intentio*, which turns out to be a sketchy and practically unrecognisable version of Philippe de Vitry's *Ars Nova* (cf. CSM 8).

perhaps because he was too impressed by authority. He does at least realise that the semiminim of his time is equal to Odington's minim [23]. Perhaps that was forced on him by the authority of Johannes Torkesey and the other moderns, for whom the semiminim is the smallest note-symbol.

Torkesey's triangle is a diagram of mensural note-values which enjoyed tremendous popularity in England from the late fourteenth into the sixteenth century. It crops up in numerous manuscripts with or without the accompanying brief *declaratio* which is found in mss London, British Museum, Lansdowne 763 [24], Add. 21455 [25], Cambridge, Trinity Coll. 1441 [26] and in part in Rome, Bibl. Vat., Reg. 1146 [27] and the treatise under discussion here, which amplifies it by the addition of Willelmus' favourite note-value, the *largissima.* And even Morley finds use for a variant of the diagram in his *Plaine and Easie Introduction to Practical Musicke* of 1597 [28], not to mention the more direct borrowing in William Chelle's miscellaneous collection of musical treatises of 1526 [29], and the fifteeth century Bury St. Edmunds manuscript London, Brit. Mus., Tiberius B. IX [30].

Willelmus is rather proud of having added the *largissima* to Torkesey's diagram, as he adds the *largissima* rest to the table of rests, though this note value, twice or three times as big as the *larga* or *maxima,* has no practical use. His aim is of course symmetry, and, as he has three species of breve (breve, semibreve and minim), he wants three species of long (*largissima, larga* and *longa*). The note-form is that of a *maxima* with a tail above as well as below the right-hand side of the note.

The third part of the chapter on note-values and symbols deals with note-shapes in general. Although each value is shown with two and three of the next smaller value, there is no question here of duple as well as triple rhythms. If there are only two notes, one is *recta,* the other *altera.*

23 Odington, like Willemus, used the term *minuta* for minim, but represented this note-value by a semibreve.

24 ff. 89 v-91, 94-94 v. The section beginning *Septem sunt concordancie* on f. 94 does not seem to belong to Torkesey's *declaratio,* though it occurs in all three manuscripts. It has been published by M. F. Bukofzer, *Geschichte des englischen Diskants,* p. 141.

25 ff. 7-8 v.

26 ff. 54-55. Here the treatise is attributed to Robert de Brunham. This writer is mentioned by Hanboys (Coussemaker, *Scriptores,* I, pp. 431, 447).

27 ff. 55 v-57.

28 Modern edition by R. A. Harman, London, 1952, p. 57.

29 London, Lambeth Palace, ms. 466, f. 37 v.

30 This manuscript only exists in fragments, but it was copied before the fire which ruined many of the Cotton manuscripts. The copy is now British Museum, Add. ms. 4909.

Odington is quoted again over the shape of the semibreve. It must be rectangular, not lozenge-shaped [31].

The question then arises of the much disputed single plica note. The conclusion is that every note except the semiminim may be plicated, since every other note is a *note fecunda*. Thus Odington and Franco were wrong, the former for saying only longs and breves could be plicated and the latter for refusing to allow a *semibrevis plicata* on its own, that is, not in ligature. Willelmus then quotes Peter of Pisa, another writer whose work does not seem to be extant, as saying that the semibreve could only be plicated when it formed one of three performed to a single syllable. Our author however is in agreement this time with the writer of the treatise beginning *Quoniam de mensurabili musica* when he says that the semibreve, according to the opinion of certain learned men, can take a plica *per se*, on its own [32]. Willelmus' desire for symmetry leads him to lay down four rules exemplified by a complete table of plica notes, from the *largissima* down to the *minuta*, that is our minim. The semiminim is of course not divisible, which explains its absence. The only symbols which need mention here are those for the semibreve and the minim. These both take a stroke on the right, whether the plica is ascending or descending. The descending plicated minim incidentally is the same in shape as the *dragma*, though one would have expected the lower tail to be oblique in the present case. Perhaps the copyist made a mistake here.

There is little need to consider the following rules which come from Johannes Torkesey's short but influential treatise. At the end of the section on actual notes, not rests, Willelmus says that he will later discuss in full how to distinguish between modes in prolations and mensurations, and many other things. However, in the Bodley ms he never seems to get round to these questions. Instead, what we do get is another triangle, this time of rests, including of course the *largissima*. This time it is included in the main figure and not added to the base as in the first triangle. The only point that is particularly interesting in this section concerns the *finis punctorum*, the equivalent of our double bar. According to Willelmus, this sign indicates that the penultimate note of any mode will be a long. The author again takes care to point out how much his rules depart from those of Franco and Odington, since *they* did not go beyond the semibreve and long. In other words, they had no pauses for the minim and semiminim, or the large and *largissima*.

The treatise appears to break off here, although on the same page there is a supplementary diagram of pauses for the *comitas cantorum*. This

31 Cf. Coussemaker, *Scriptores* I, pp. 235 f.

32 *Semibrevem vero per se vox congrue plicari permittit.*

addition can hardly be by Willelmus, since he has just said: "The above rules concerning the value of notes and pauses will suffice for now". He then promises to give rules concerning the value of ligatures and perfection and imperfection in the next chapter. What actually follows on the next three folios is the entirely unrelated variant of the section on intervals from the *Quatuor Principalia Musicae*. The *diversae conclusiones* which follow this fragment do in fact deal with imperfection and ligatures, but they cannot be by Willelmus since they do not use his peculiar terminology. The *minima* here is a minim, and indeed it seems to be the smallest note-value known to the writer of the section.

The treatise of Willelmus, in spite of its introductory and purely theoretical nature, is valuable for its acquaintance with contemporary theoretical literature, for it is rare for a musical theorist of the fourteenth century to be able to quote such a galaxy of names and works. If the author's outlook is limited, he has the typical desire of the contemporary theorist for order and symmetry in his ideas. We have too what is probably another connection between Dover and other musical centres of the fourteenth century, such as Oxford and Bury St. Edmunds. It should soon be possible to trace some interesting interrelations between the English musical treatises of the late Middle Ages, for even small, apparently unrelated fragments often turn up in several different sources, whether in exact or variant form.

MS. OXFORD, BODLEY 842
(WILLELMUS)

BREVIARIVM REGVLARE MVSICAE

Incipit *Breviarium regulare musicae*
⟨Prologus⟩

[1] Multorum cantorum scripturas varias ac opera ad *practicam* musicae laborata investigando dispersa conspexi, quae ad meam iuvenumque uti- ⟨litatem⟩......

[2] ⟨Capitulum I

Apotomen maiorem esse quam quatuor commata, minorem quam quinque; tonum maiorem quam octo, minorem quam novem⟩

[3] ⟨Inter .d. igitur atque .c. est differentia 33777⟩ et sit .g. Comatis vero differentia, quae est 7153, sit .k. sicut prius. Si ergo .k., quod est coma, quinquies multiplicetur, fiet 35765, et sit hoc .r. [4] Si vero eundem .k. quater multiplicem, fiet ⟨.n.⟩ numerus, qui est 28612. .r. igitur maior est .g., .n. vero minor est .g. [5] Sed .r. quinquies aucto comate succuruit, ⟨.n.⟩ vero quater. Est autem apothome differentia .g. [6] Iure igitur dictum est apothome apothomen minorem quam 5 comata, maiorem vero quam 4. Ex hoc igitur probatur tonum maiorem esse quam 8 comata, minorem quam 9. Nam semitonium minus maius quidem est quam tria comata, minus vero quam quatuor; apothome autem maior quidem quam 4 comata, minor vero quam 5. Iunctum semitonium minus semitonio maiori, quod est apothome, erit tonum maius quam 8, minus vero quam 9 comata. Set apothome et semitonium minus unum efficiunt tonum. [7] Tonus igitur maior est 8 comatibus, minor vero quam 9. Est autem coma ultimum quod comprehendere possit auditus.

⟨Capituum II⟩
Divisio monochordi

Ad evidentiam supradictorum breviter monochordi subiungo di⟨visi⟩-

[1] Prologus *om ms.* *End of sentence missing owing to loss of succeeding folio* [2] *om ms* [3] *beginning of sentence draws on Boethius* [4] *first* .n. *om ms* [5] g *pro* n *ms* [6] apothomem *pro* -en *ms* [7] minor *ego:* -us *ms*

[2] Chapter I is clearly the end of Boethius, *De Inst. Musica Libri quinque*, Bk. III, ch. 15 = p. 296 in the edition by G. Friedlein, Leipzig 1867.

onem in primo capitulo dimissam. [8] Monochordi figurae vel notae sunt istae: .Γ.A.B.♮.C.D.E.F.G, et dicuntur graves quia maioribus litteris scribuntur: .a.b.♮.c.d.e.f.g, et acutae dicuntur quia minoribus et simplicibus litteris scribuntur: .$\overset{a}{\text{a}}$.$\overset{b}{\text{b}}$.$\overset{♮}{\text{♮}}$.$\overset{c}{\text{c}}$.$\overset{d}{\text{d}}$, quae dupplicantur et superacutae dicuntur. [9] Et in monocordo sic ponuntur: ab aliquo puncto notabili protrahatur una recta linea quantum placuerit, et puncto consimili terminetur. Haec linea dividatur aeqaliter in 9 passus vel partes aequales, et supra primum punctum versus sinistram ponatur .Γ.graecum. Super secundum punctum in fine primi passus ponatur .A., secundus passus vacabit, tertius terminatur in .D., quartus vacat, quintus terminabit in .a., sextus in .d., septimus in .$\overset{a}{\text{a}}$. Item ab .A. vel a secundo puncto dividatur in 9 passus. [10] Primus terminabitur in .♮., secundus vacat, tertius in .E., quartus vacat, quintus in .♮.,sextus in .e., septimus ⟨in .$\overset{♮}{\text{♮}}$.⟩, reliqui vacant. Item de .Γ. aequaliter dividatur in quatuor passus usque ad finem. Primus terminatur in .C., secundus in .G., tertius in .g., quartus finit. Item de .C. dividatur in quatuor passus. Primus terminatur in .F., secundus in .c., tertius in .$\overset{c}{\text{c}}$., quartus finit. Item ab .F. dividatur in quatuor passus. Primus terminatur in .b., secundus in .f. [11] Item dividatur de .b. acuto in duos passus. Primus terminatur in .$\overset{b}{\text{b}}$. superacutum. [12] Item quantum spatium est de .b. acuto usque in finem monochordi, tantum metire retrorsum versus .Γ. ab eodem .b. et in fine illius ponatur .B. rotundum grave. Item dividatur de .d. usque in finem in duos passus. Primus terminatur in .$\overset{d}{\text{d}}$. superacutum, et sic patet divisio monocrordi.

Hiis ita dispositis inter notam et notam, alicubi et spatium maius, alicubi minus; et maius tonus dicitur ut .Γ.A. vel .A.♮., spatium minus dicitur semitonium ut .♮.C. Oportet igitur quod linea monochordi, quamquam prius multimode divisa sit et variis notis distincta, iterum dividatur, primis tamen remanentibus notis. Dividitur ergo in 12 passus aequales, qui etiam numeris sic subtus distinguntur. Ponatur subtus .Γ. 12, subtus .C. 9, subtus .D. 8, subtus .G. 6, subtus .d. 4, subtus .g. 3, subtus .$\overset{d}{\text{d}}$. 2.

10 in .$\overset{♮}{\text{♮}}$. *om ms* reliqui *ego: -e ms* 11 acuto *ego: -a ms* 12 eodem *ego: ea- ms*

[8] Cf. J. Smits van Waesberghe, *Guidonis Aretini Micrologus*, cap. II, American Institute of Musicology 1955. Also in GS II.

[9] Cf. J. Smits van Waesberghe, *Johannis Affligemensis De Musica cum Tonario*, American Institute of Musicology, Rome 1950, cap. VI. Also in GS II.

Alii numeri locis sibi competentibus ponentur. Erit 3 tantum spatium cuiuslibet divisionis quantum est inter .C. et .D. Ex hiis numeris et proportionibus eorum patet vocum proportio. Nam quanta est proportio inter 12 et 9, tanta est inter .Γ. et .C. Est autem sesquetertia unde diatessaron fit. Item quanta es inter 9 et 6, tanta est inter .C. et .G. Est autem sesquealtera unde diapente causatur. Item quanta est inter 6 et tria, tanta est inter .G. et .g. Est autem dupla unde fit diapason. Et licet haec tria spatia praedicta, scilicet .Γ.C., .C.G. et .G.g., aequaliter distent quantum ad loci mensuram, non tamen quantum ad numeros, proportiones et sonos. Nec fallit hic ordo quodcumque, enim spatium sonat diatessaron, tantundem proximum spatium versus finem monochordi dat diapente, et quod inmediate sequitur sonat diapason. [13] Immo si aliquod spatium sonat sextum ab eo, sonat diatessaron, septimum diapente, octavum diapason. Est autem tanta proportio inter .C. et .D. quanta inter 9 et 8. Est autem sesqueoctava unde tonus fit. Est autem tripla proportio inter .Γ. et .d. sicut inter 12 et quatuor, et facit diapason cum diapente. Est autem quadrupla inter .Γ. et .g. sicut inter 12 et tria, unde bis diapason fit.

Haec autem ultima monocordi divisio in 12 passus aequales potest etiam ab aliis litteris inchoari, scilicet ab .A. vel .C., et gravetur a qualibet littera quae, cum sua simili sonans diapason, continet etiam in utroque latere diatessaron et diapente, ut supra patet. [14] Ex praedictis patet quod, quanta est proportio inter hos numeros 12, 9, 8, 6, tanta est inter .A.D.E.a., in quibus omnes simplices consonantias musicas invenimus. Quia 8 ad 6 et 9 ad 12 sesquitertiam proportionem reddunt et simul diatessaron consonantia. Set 6 ad 9 vel 8 ad 12 comparati reddunt proportionem sesquealteram, et diapente faciunt simphoniam. [15] Sed 12 ad 6 comparati dupplicem quamdam proportionem et diapason simphoniam canunt. Set 8 ad 9 ipsi contra se medii considerati *epogdoum* iungunt, qui tonus dicitur in musica; et est omnium musicorum sonorum communis mensura, omnium enim est iste sonus minimus. Unde notandum quod inter diatessaron et diapente consonantias tonus differentia est, sicut inter sesquetertiam et sesquealteram proportionem epodous est differentia.

Experientiam autem omnium praedictorum habebis si super lineam proportionaliter divisam et debitis clavium notis distinctam, ut supra dicitur, cordam apte tetenderis, ita quod finis cordae sit super ultimum punctum monochordi et alius finis cordae digito vel alia quacumque re leviter prematur. Secundum de hinc notarum vel figurarum indicia corda pulsum alicuius rei solide tangatur, sicut in organis fieri consuevit. Per has enim figuras patet distinctio monochordi. [16] Et sic sufficienter patet evidentia huius capituli et terminatur.

[13] spatium tonat sonat *ms*
[14] 2° *pro* 12 *ms* [15] dupplici quedam *ms* [16] *in margin* John Prior *in a later hand*

Capitulum 3

ponit notas sonorum et earum distinctionem valoremque cum pausarum declaratione

Istud capitulum demonstrans notarum pausarumque divisionem, quantitatem seu valorem, 5 partes continet cum suis regulis. Prima pars declarat nomina notarum, pro cuius evidentia est notandum quod notae multipliciter sortiuntur nomina. [1] Primo: secundum positionem Guydonis, et sic sunt 6, scilicet *ut, re mi, fa, sol, la,* ut in primo capitulo dictum est, et continue repplicantur usque ad finem monochordi. [2] Secundo: habent nomina ut disposuit Boycius in musica sua, libro 4, capitulo 3, et sic quaelibet nota monochordi habet nomen proprium sibi assignatum secundum ordinem chordarum cytharae. Et huius nomina cum suis signis, numeris et litteris in genere diatonico per exemplum hic volo inserere.

Primo secundo ordinem tabulae monochordi:
Genus dia - - - to - - - ni - - - cum.

Nomi - - - - - - - - - - - na	Numerus	[3] Signa	Litterae	Litterae
Nete hiperboleon	2304	Ϝ.←	ll	a a
Paranete hiperboleon	2592	Γ.ǂ	[4] ꟸB	g
Trite hiperboleon	2916	Υ.Ν	ff	f
Nete diezeugmenon	3072	Φ.Ν	dd	e
Paranete diezeugmenon	3456	Ͱ.Ӈ	cc	d
Trite diezeugmenon	3888	E.Ⅎ	[5] y	c
Paramese	4096	Z.F	x	♮
Mese	4608	III.Ϛ	o	a
Licanos meson	5184	ϽϹ.Ꞁ	m	G
Paripate meson	5832	P.Ʊ	k	F
Ypate meson	6144	C.C.	♮	E
Licanos hipaton	6912	Φ.F	E	D
Paripate hipaton	7776	R.L	C	C
Hipate hipaton	8192	Ꞁ.Γ	B	B
Proslambanomenos	9216	Z.⊥	A	A

[1] *section of chapter 1 dealing with solmisation lost in ms*
[3] *many signs of the Greek notation differ from Boethius* [4] *probably represents* nn
[5] yz *ms*

[1] Cf GS I, 45. (the letter to Michael).
[2] Cf. Boethius, *De Inst. Musica* (ed. Friedlein), p. 308 ff.

.o.	x	.y		.cc.	.dd.	x.
.Z.	ɸ.	C.		)-(.	.iii.	)-(.
.6144.	6912.	7776.		8192.	9216.	6144.

Doctor docens dia-

.o.	x.	o.	y.
ɸ.	C.	)-(.	R.
.5832.	5184.	4608.	5184.

-to - - - - - - - - - - - - - - - - - nus

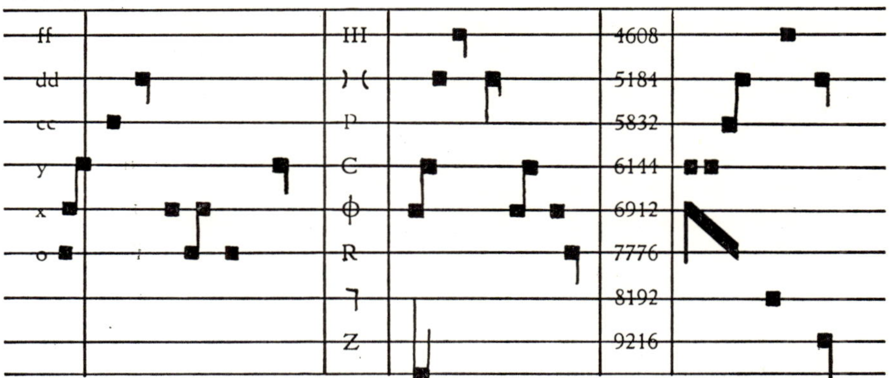

Doctor docens diatonum

[6] Set pro evidentia expositionis istorum vocabulorum est notandum quod secundum antiquos musicos, qui nec admiserant Γ nec illas 3 notas quas post $\overset{a}{a}$ ponimus, ista vocabula quae interpretaturi sumus musicis vocibus inposita sunt.

Primum igitur A apud antiquos vocatur *proslambanomenos*, B *hipate hipaton*, et ita de aliis secundum ordinem tabulae superius scriptae; unde istorum vocabulorum litteras et significationes secundum Boycium, libro 4, capitulo 3, volo inserere, quem in parte secuti sumus. [7] Proslambanomenos igitur, qui adquisitus dici potest, zeta non integrum et tau iacens: Z.⊥. Hypate hipaton, quae est principalis principalium, gamma conversum et

[6] a dupplicatum *pro* $\overset{a}{a}$

[7] Boethius, *De inst. musica,* 309 ff.

gamma rectum: ⅂.Γ. Parhipate hipaton, id est subprincipalis principalium, beta non integrum et gamma supinum: R.L. Lichanos hypaton diatonos, quae est principalium diatonos extenta, phi graecum et digamon: Φ.F. [8] Hypate meson, quae est mediarum principalis, sigma et sigma: C.C. [9] Paripathe meson, quae est subprincipalis mediarum, rho et sigma supinum: P.Ɔ. [10] Lycanos meson diatonos, quae est mediarum extenta, my graecum et py graecum deductum: ⋊. ⅂. [11] Mese, quae est media, iota et lambda iacens: I.⋎. Paramese, quae est submedia, zeta et py graecum iacens: Z. ⊢. Trite diezeugmenon, quae est tertia divisarum, E quadratum et py graecum supinum: E. ⅃. Paranete diezeugmenon diatonos, coniunctarum extenta, gamma et eta: Γ.H. [12] Nete diezeugmenon, quae est ultima divisarum, phy iacens et en inversum deductum: Φ.И. [13] Trite hiperboleon, quae est tertia excellentium, y deorsum respiciens dexterum et semialpha sinistrum sursum respiciens: ϒ.⅄. [14] Paranete hiperboleon diatonos, quae est excellentium extenta, mi graecum habens acutum et pi deductum habens acutum: ⋊.Ͳ. [15] Nete hiperboleon iota habens acutam et lambda iacens habens acutam: ⊢.⊣. [16] Haec sunt dicta Boycii capitulo supradicto, scilicet capitulo tertio libri quarti, et in eodem libro, capitulo undecimo, totam ponit dispositionem descriptionis.

[17] Secundo igitur volo istas easdem litteras, signa et numeros secundum ordinem chordarum in cythera per modum Boycii ponere:

8 germinatum suus *pro* sigma et sigma *ms* 9 pro et sima *ms* 10 diductum *ms* 11 lapida *pro* lambda *ms* etheri *pro* eta *ms* 12 diductum *ms* 13 semis mi *pro* semialpha *ms* 14 diductum *ms* 15 lapida *pro* lambda *ms* 16 capitulo quarto libri tertii *ms* 17 debet ponere *ms*

16 Boethius, *De inst. musica,* opp. 330.

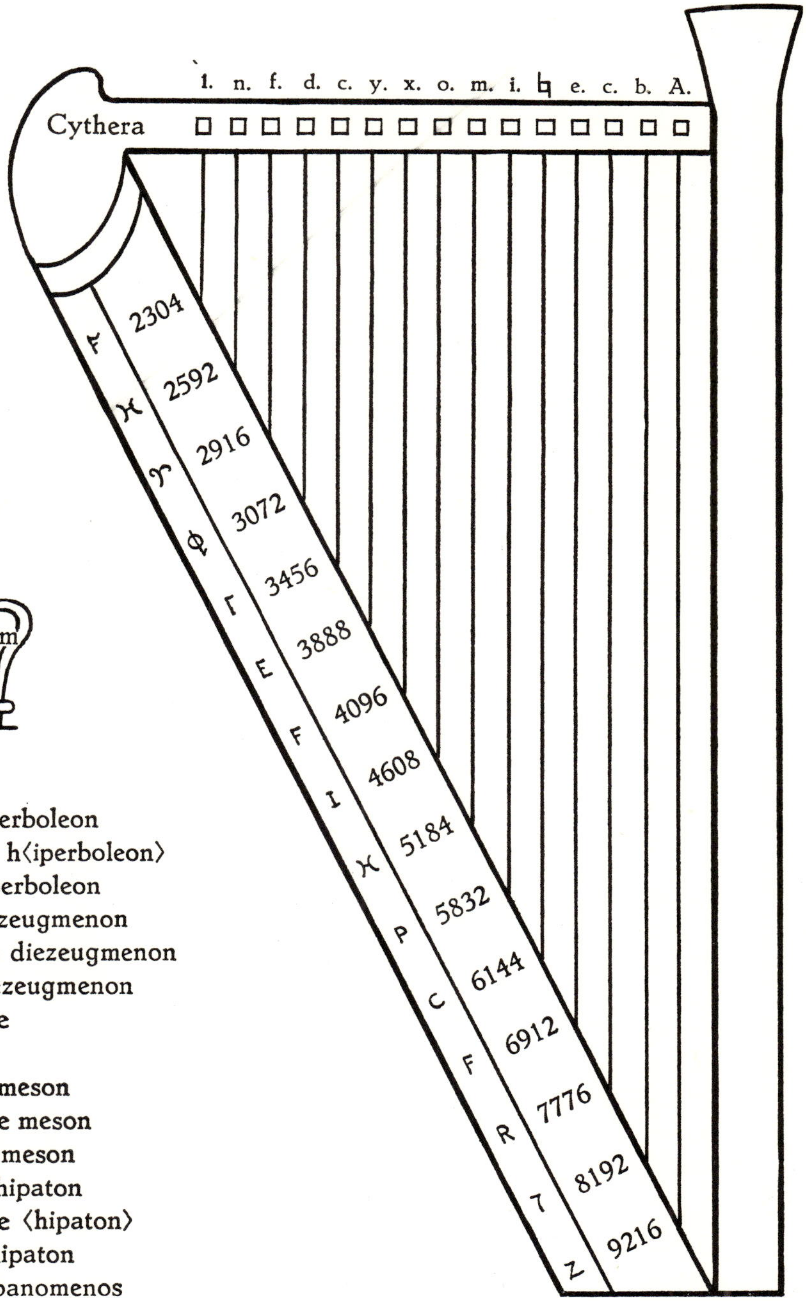

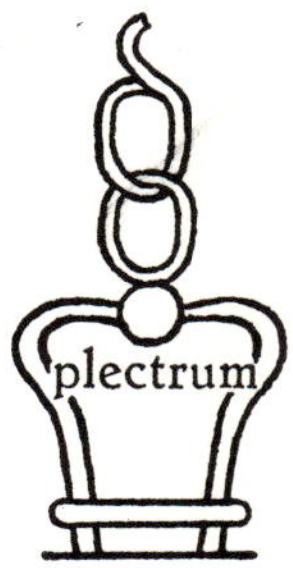

Nete hiperboleon
Paranete h⟨iperboleon⟩
Trite hiperboleon
Nete diezeugmenon
Paranete diezeugmenon
Trite diezeugmenon
Paramese
Mese
Licanos meson
Paripathe meson
Hipathe meson
Licanos hipaton
Paripathe ⟨hipaton⟩
Hipate hipaton
Proslambanomenos

5164 *pro* 5184 *figura* Paranete h *pro* Paranete hiperboleon *figura* Parama *pro* Paramese *figura* Paripathe *pro* Paripathe hipaton *figura*

Et sic patent nomina secundum Boycium notarum tam per figuram praedictam quam etiam per cytheram.

[18] Tertio: notae habent nomina secundum diversam figurationem in plano cantu, ut notat Walterus Odington, libro 5, capitulo 2 musicae sic:

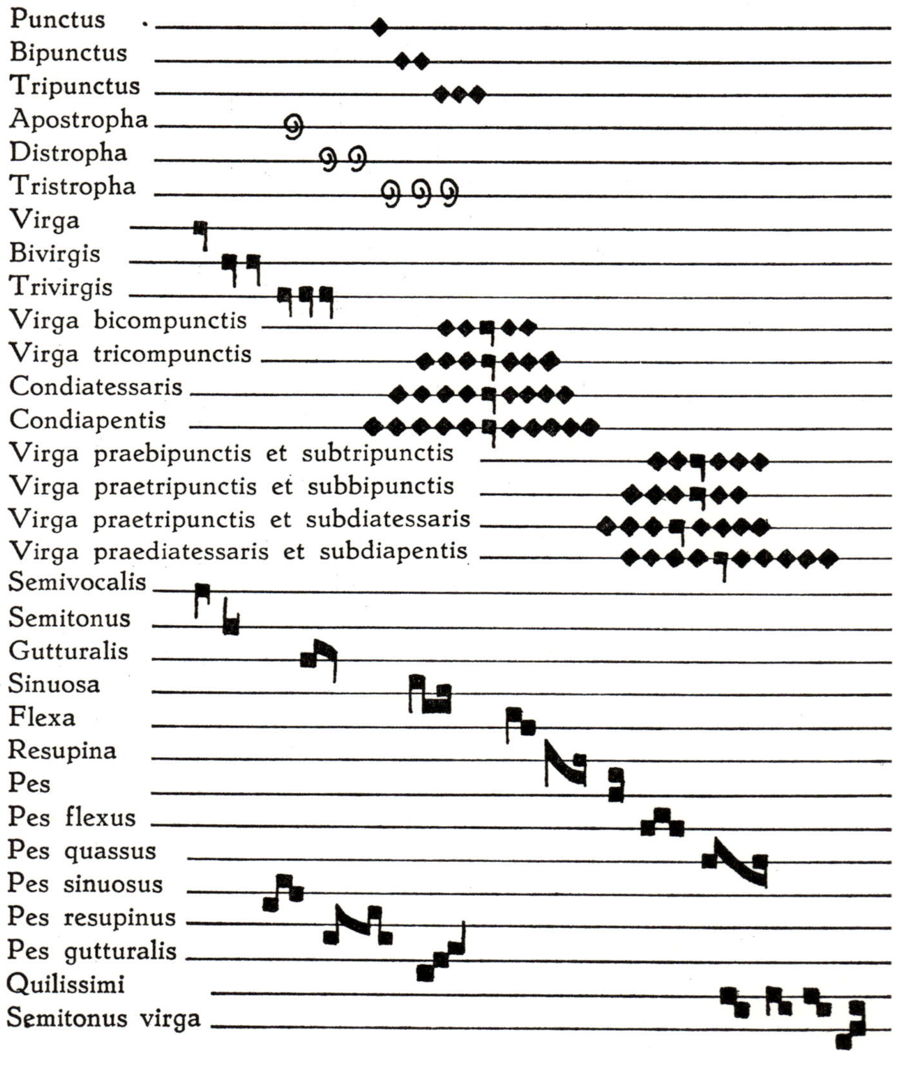

[18] Condiapente *ms* Simyosa *pro* Sinuosa *ms* simyosus *pro* sinuosus *ms*

[18] Cf. CS I, 213 ff, which diverges from our source in some of the lesser-used neumes.

Et si quae aliae sunt, ex hiis componuntur; quarundam istarum figurarum nomina et causae patent. Quae autem aliquid ambiguitatis expono.

[19] Apostropha est spe⟨cie⟩s accentus quae tollit ultimam vocalem dictionis cum sequens inchoat a vocali. Condiatessaris quatuor est punctorum ex utraque parte virgae, quia diatessaron quatuor repraesentat. [20] Condiapentis quinque est punctorum ex utraque parte virgae, nam diapente 5 importat. Semivocalis medietatem sui temporis transfert ad aliam vocem quae dicitur semivocalis descendens. Semitonus dicitur ascendendo. Gutturalis dicitur quia cillenti gutture formatur. [21] Sinuosa dicta quia recurvatur ad similitudinem baculi pastoralis. Flexa dicta quia a semivocali descendens dextroque flectitur. [22] Resupina dicta quia super supinam virgam erigitur. Pes dictus ad similitudinem pedis. Pes flexus componitur ex pede et flexa. Pes quassus dictus quod voce tremula et multum mota formatur, quassum enim violenter motum est. [23] Quilissimi dicti ad similitudinem, quilos enim graece humor, mos terra, quasi humida terra a receptione aquarum. Semitonus virga dicitur quod ex semitonio et virga componitur, et sic de ceteris. De longis et brevibus posterius.

Quarto: notae habent nomina secundum quantitatem suam et valorem, ut in partibus subsequentibus evidenter patebit. Secunda pars huius capituli ponit distinctiones et divisiones notarum.

Prima distinctio. Omnis nota vel est simpla vel est fecunda. *Simpla nota* quae minimo tempore mensuratur sine soni ulterioris divisione. *Fecunda nota* quae certo tempore mensuratur et in eodem tempore certis divisionibus est partibilis. [24] Unde hic notandum secundum *Aristotilem* quod minimum in quolibet genere est mensura omnium eiusdem generis: sic minimus sonus in musica est mensura omnium aliorum sonorum seu vocum. Vel signum seu nota illius soni vocatur simpla.

Secunda distinctio. Omnis nota vel est *separata* vel *ligata. Nota separata* est quod nulli notae sequenti vel praecedenti per aliquam ligaturam continuatur. *Nota ligata* est quae notae praecendenti vel subsequenti aliquo ligamine continuatur.

Tertia distinctio. Notarum alia est *tarda,* alia *velox. Tarda nota* vocatur longa et omnes eo maiores. *Velox nota* vocatur brevis et omnes eo minores. [25] Et istam distinctionem innuit *Odington* sexto musicae suae, capitulo primo, dicens: Inaequalitas accidit dum una nota morosius, altera velocius profertur. *Morosa* longa vocatur, *velox* vero vocatur brevis. Haec ille.

[19] spes *pro* species *ms* qui *pro* quae *ms* [20] Condiapentis *ego:* -te *ms* [21] Simyosa *ms* [22] supremam *pro* supinam *ms* erigitur *ego:* fe- *ms* [23] humor *ego:* -oz *ms*
[25] quinto *pro* sexto *ms* [26]primo *pro* secundo *ms* (cap. VI in CS I)

[24] Aristotle, *Phys.,* L. III, c. VII.
[25] Cf. CS I, 235.

Quarta distinctio. Omnis nota vel est *nota plana* vel *nota plicata. Nota plana* est figura repraesentationis vocis in alico modorum absque plicatione. *Nota plicata* est figura repraesentationis vocis in alico modorum cum plica. [26] Ista distinctio et partium descriptiones fundantur per Franconem in musica sua, capitulo secundo, ubi describit plicam sic: Plica est nota divisionis eiusdem soni in grave et acutum.

Quinta distinctio. Omnis nota praeter largissimam vel est recta vel altera, vel secundum alios vel est *minor* vel est *maior.* Nota *recta* est quae aequaliter tertiam partem sibi notae superioris proximae perfectae repraesentat. Nota *altera* est quae duas tertias sibi notae superioris proximae perfectae partes continet.

Sexta distinctio. Omnis nota fecunda vel est *perfecta* vel *imperfecta.* Et istam distinctionem pono et eius declarationem secundum ordinem modernorum. Nota *perfecta* est quae ter continet in se sibi minorem proximam et perfectam. Nota *imperfecta* est quae bis continet in se minorem sibi proximam perfectam.

Et pro evidentia huius divisionis notanda est series notarum perfectarum secundum opinionem meam, licet ab aliis aliqualiter dissentio, unde a maiori incipiendo. Prima dicitur *largissima,* secunda *larga,* tertia *longa,* quarta *brevis,* quinta *semibrevis,* sexta *minuta,* septima *minima* sive *simpla* sive *crocheta,* secundum diversitatem loquentium. [27] Aliter posuit et recitat *Odington* capitulo prius allegato, dicens: *longa* autem apud priores organistas duo tantum habuit tempora sicut in metris, sed postea ad perfectionem ducitur, ut sit trium temporum ad similitudinem beatissimae *trinitatis* quae est summa perfectio. Diciturque *longa* huiusmodi perfecta. Est et alia quae duplex *longa* dicitur, illa scilicet quae duas valet longas perfectas. Quae ideo una figura duas exprimit, ne tenor plani cantus disrumpatur. De divisione *brevis, semibrevis,* etiam varie senserunt et inordinate. [28] *Unde dicit: Invenitur brevis* divisa in 6 partes vel 7, quas adhuc semibreves vocant minus iuste. Sed quia continuum est divisibile in infinitum, et tempus continuorum est, voces quidem sunt mensuratae temporibus, quare divisibiles erunt in infinitum. [29] Sicut ergo *longa* in breves et *brevis* in semibreves dividitur, ita semibrevem primo divido in 3 partes quas *minutas* voco, figuram retinens semibrevis, ne ab aliis musicis videar discrepare. *Haec ille.* [30] Unde ultra *minutam* non posuit, quam communitas cantorum indiscrete minimam vocant, quia voces sunt divisibiles in infinitum sicut tempora quibus mensuram⟨datur⟩.

[26] Cf. CS I, 123.

[28] quarum *pro* quare *ms* [29] semibrevem *ego:* -e *ms* retinens *ego:* -nt *ms* [30] vocant *ego:* -ent *ms* datur *om ms* obiectioni *ms*

[27] Cf. CS I, 235.

[28] Cf. CS I, 236.

Unde ut conformem me modernis, pono *crochetum* seu *simplam* vel *minimam*. Non quia ea minor non possit esse, sed quia data mensura debita longarum, brevium, non bene humana voce minor pronuntiatur perceptibilis. Et ex hoc patet solummodo obiectio modernorum. Quia arguunt contra *crochetum* per hoc quod minima nulla est minor. Respondeo quod *Odington* non vocavit illam notam minimam sed *minutam*, quia posuit quod minor possit esse. Vel aliter respondetur quia tunc dicebatur minima illo tempore divisa, sed nunc voco *crochetum* minimam, licet iam artificio et usu cantores moderni ad minorem divisionem vocis pervenerunt, scilicet ad *crochetam*. [31] Magister *Franco*, secundo capitulo musicae suae, non ponit aliam notam minorem semibrevi. [32] Et similiter auctor musicae incipientis: *Quoniam de mensurabili musica*, capitulo sexto. [33] Set Iohannes Torkesey et moderni concordant mecum de crocheta, ut manifestabitur in figura eius.

[34] Secundo patet quod *Odyngton* et *Franco* et auctor praedictus non posuerunt maiorem figuram dupplici longa, et illam posuerunt 6 temporum, quae secundum figurationem meam aequipollet largae imperfectae. [35] Nec *Johannes Torkesey* ultra largam perfectam in suo triangulo posuit. [36] Set ego in honore trinitatis pono 3 species longarum, scilicet *largissimam, largam, longam*, et 3 species brevium, scilicet *brevem, semibrevem, minutam*, et ultra hoc unam substantiam indivisibilem quae est mensura et substantia omni superiora, scilicet simplam quae minimam seu crochetum dicitur.

Septima distinctio. Notarum alia solitaria, alia sociata. Nota solitaria est quam nec nota nec signum aliquod praecedit seu subsequitur. [37] Nota sociata est quam nota vel aliquod signum praecedit seu sequitur. Et nota quod dico signum praecedere notam vel subsequi propter parvum tractum vel propter signum pausae quae perficiunt seu alterant aliquando, ut in proximo capitulo ostendetur. Ex hiis patent conclusiones. *Prima conclusio*. Distinctiones prima, secunda, tertia, quarta, septima sunt evidentes, quinta vero et sexta ex suppositione et usu procedunt. *Secunda conclusio*. Quinta et sexta distinctiones solummodo in notis locum optinent sociatis. *Tertia conclusio*. Praeter divisiones praedictas notarum, aliae possent dari tam de perfectione quam inperfectione, alteratione ceterisque huius, si placeat cantoribus. *Quarta conclusio*. Omnis *nota* seu *signum* perficiens ex perficiendo tertiam partem diminuit quam in se supplet. Et omnis nota *alterata*

36 superiora *ego:* -um *ms*   minimam *ego:* -ma *ms*   37 sequitur *ego:* -atur *ms*

31 Cf. CS I, 119 (cap. IV in CS)
32 Cf. introduction, p. 4.
33 Cf. pp. 28 and 61.
34 Cf. CS I, 235 and 119.
35 Cf. pp. 28 and 61.

dupla est sui ipsius. *Quinta conclusio.* Omnis *perfectio* seu *alteratio* praecise in notis perfectis inveniuntur. *Sexta conclusio.* Significatio figurarum solitariarum est quasi alphabetum figurarum sociatarum. *Septima conclusio.* Omnis figura *ligata* est sociata. *Octava conclusio.* Omnis figura *sociata* vel est sociata secundum seriem discontinuam vel coniunctam. Ista conclusio patet ex se, et ex ista distinctione patebunt modi ordinationis in proximo capitulo.

Tertia pars huius capituli ponit figurationes figurarum solitariarum. Et primo planarum, secundo ligatarum. *Prima regula: largissima perfecta* est figura quadrangularis cuius latitudo transit longitudinem, et habet tractum a parte dextra de superius et inferius, et valet 3 perfectas longas ut hic: . *Secunda regula: larga perfecta* est figura quadrangularis cuius latitudo transit longitudinem, tractum gerit a parte dextra tantum, et valet 3 largas perfectas vel longam rectam et alteratam ut hic: . *Tertia regula: longa perfecta* est figura quadrata, tractum gerens a parte dextra tantum, et valet 3 rectas breves perfectas vel rectam brevem et alteratam ut hic: . *Quarta regula: brevis perfecta* est figura quadrata, et valet 3 semibreves perfectas vel semibrevem rectam et alteratam ut hic: . [38] *Quinta regula: semibrevis perfecta* est figura formata ad modum losengae, id est habens latera aequalia et non angulos secundum Odyngton, et valet 3 minutas vel minutam rectam et alteratam ut hic: . *Sexta regula: minuta perfecta* est figura similis semibrevi, tractum habens rectum in superiori angulo, et valet 3 minimas seu crochetas vel unam rectam et aliam alteratam ut hic: . *Septima regula:* minima seu crocheta est figura similis minutae et indivisibilis nota cum replicatione tractus superioris ut hic: .

Secundo de notis solitariis plicatis est dicendum. Unde *notandum est* quid sit plica secundum *magistrum Franconem,* capitulo secundo musicae suae: [39] plica est nota divisionis eiusdem soni in grave et acutum. [40] Et secundum *Walterum Odyngton,* libro sexto, capitulo secundo: plica est inflexio vocis a voce sub una figura. Ex hiis diffinitionibus pono eis quartam conclusionem. *Conclusio. Omnis nota praeter simplam est plicabilis.* Probatur: omnis nota quae potest habere inflexionem vocis a voce sub una figura est plicabilis, secundum descriptionem *Odington,* vel respectu cuius potest esse divisio eiusdem soni in grave et acutum, secundum *Franconem;* sed omnis nota praeter simplam est huiusmodi, cum omnis alia sit fecunda, ut patet de se: ergo conclusio vera. [41] Erraverunt ergo

38 Cf. CS I, 235.
41 primo *pro* secundo *ms*

39 Cf. note 26.
40 Cf. CS I, 236.
41 Cf. CS I, 236 and 123.

Odyngton in secundo capitulo, dicens quod solum longae et breves sunt plicabiles; et *Franco* dicens quod non in simplicibus figuris possit plica semibrevis inveniri, sed in ligaturis; et *Petrus Pisiensis* dicens quod semibrevis plicari non potest, nisi quando 3 super unam sillabam ordinantur. Sed mecum concordat auctor *Quoniam de mensurabili musica, etc.* dicens: semibrevis iuxta quorundam doctorum opinionem per se plicari potest, opinioni quorum consentimus dum tamen decenter et debito modo plicetur. Possunt insuper plicari semibreves ut in compositis figuris, videlicet quando 3 formantur super unam sillabam, et semibrevem vero per se vox congrue plicari permittit, et huic opinioni consentio.

Pono igitur regulas. *Prima regula.* Propter plicam nec augmentatur nec minuatur tempus alicuius notae a tempore eiusdem non plicatae. *Secunda regula.* Omnis plica vel ascendens est vel descendens, ascendens vero significat sonum in fine acuendum, descendens vero significat sonum in fine deprimendum. *Tertia regula.* Nota plicae propria est duplex tractus, unus sinister, alius dexter respectu eiusdem figurae.[42] *Et notandum* quod dico duplicem tractum proprie notam plicae, quia dicit Franco in sua musica, capitulo secundo, quod plica longa ascendens est, figura quadrangularis solum tractum gerens a parte dextra ascendentem, vel magis proprie duos quorum dexter longior est sinistro. Magis proprie dico, quia per illos duos tractulos nomen plicae habere meretur. *Quarta regula.* Omnis nota ex genere longarum habet plicam longiorem ex parte dextra ascendentem vel descendentem. *Brevis* vero ex parte sinistra, *semibrevis* autem et *minuta* ex parte dextra unicum tractum ascendentem vel descendentem optinebunt. Exempla vero singularum subsequuntur.

Largissima plicata ascendens:
Largissima plicata descendens:
Larga plicata ascendens:
Larga plicata descendens:
Longa plicata ascendens:
Longa plicata descendens:
Brevis plicata ascendens:
Brevis plicata descendens:
Semibrevis plicata ascendens:
Semibrevis plicata descendens:
Minuta plicata ascendens:
Minuta plicata descendens:

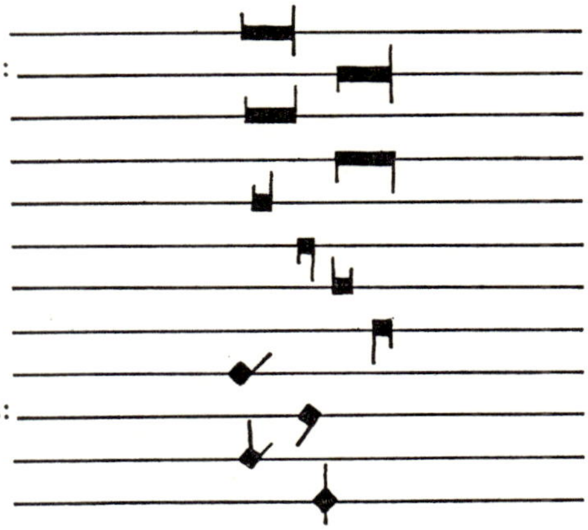

42  *pro*  *ms*

42 Cf. CS I, 123.

[43] Quarta pars huius capituli duo theoreumata continet. *Primum theoreuma. Cuiuslibet notae ſecundae separatae perſectionem seu imperſectionem per signi appositionem vel omissionem cognoscere.*

[44] *Pro cuius evidentia est notandum* primo quod dico notae **fecundae**, quia simpla neque perfecta dicitur neque imperfecta sed principium indivisibile omnium subsequentium, sicut tangitur in tertia parte huius capituli, distinctione prima. [45] Secundo pono figuram trianguli *Iohannis de Torkesey,* cum additione largissimae quam ipse omisit:

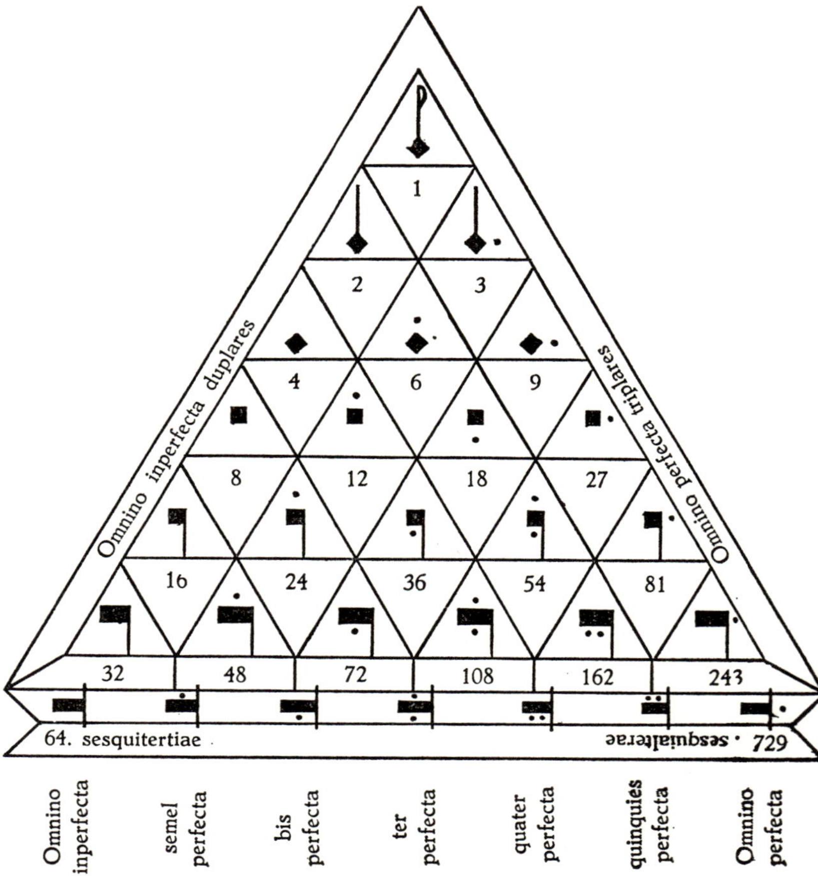

Tertio sequitur regulae pro intellectu superioris trianguli. *Prima regula.* [46] Omnis nota praeter simplam carens puncto omnino imperfecta est. *Secunda regula.* [47] Omnis nota quae supra se punctum habet semel

[43] theoreumata *ego:* -ma *ms* [44] indivisibile *ego:* -em *ms*
[47] est *om ms*

[45] Cf. p. 58 for edition of Torkesey treatise after other sources.
[46] Torkesey treatise begins here.

perfecta est, quia ipsa perfecta est ex proxima nota oblique ascendente, id est tres tales valet, et tamen eius illa pars non est perfecta, aut quia minima perfecta, quae ⟨est⟩ prima species perfecta, cadit in compositione eius. *Tertia regula.* Omnis nota quae sub se punctum habet bis perfecta dicitur, quia et ipse et proxima oblique ascendens perfectae sunt sicud prius, aut quia tam semibrevis quam minima perfecte cadunt in compositione eius. *Quarta regula.* Omnis nota quae supra se punctum habet et sub se similiter, ter perfecta dicitur, quia et ipsa cum duabus speciebus ex quibus ipsa componitur perfectae sunt, aut quia tam brevis, semibrevis et minuta perfectae omnino cadunt in compositionem eius. *Quinta regula.* [48] Omnis nota quae sub se simul duo puncta habet, quater perfecta dicitur, quia et ipsa perfecta est et tres proximae species oblique ascendentes ex quibus ipsa componitur, aut etiam quia longa, brevis, semibrevis et minuta omnino perfectae cadunt in compositionem eius. *Sexta regula.* Omnis nota quae supra se simul duo puncta habet, quinquies perfecta dicitur, quia et ipsa perfecta est et quatuor proximae species oblique ascendentes ex quibus ipsa componitur, aut quia larga, longa, brevis, semibrevis et minuta omnes perfectae cadunt in eius compositionem, *Septima regula.* [49] Omnis nota quae post se punctum habet omnino perfecta dicitur, quia et ipsa perfecta est et omnes partes ipsam oblique ab ea ascendentes omnino perfectae sunt, excepta sola simpla quae est inpartibilis. *Octava regula.* A qualibet nota ad proximam superiorem recte ascendendo duplares, ad sinistram vero oblique triplares facimus notas. *Nona regula.* Ab aliqua nota a dextris directe progrediendo sexquealteras, oblique vero ascendendo versus dexteram sexquetertias proportiones efficimus. *Decima regula.* Conversim vero proportionaliter procedendo subduplares, subtriplares, subsexquealteras, proportiones efficimus. [50] *Corollarium.* In latere dextro trianguli sunt 6 notae omnino perfectae, in latere sinistro omnino in perfectae totidem. Inter duo vero latera et in basi 15, quae respectu diversarum notarum quandoque perfectae, quandoque inperfectae dinoscuntur. Istae regulae pro nunc sufficiunt, quia in sequentibus ad evidentiam istius figurae manifestabitur distinctiones modorum in prolationibus et mensurationibus ac multa alia.

Secundum theoreuma. Cuilibet notae separatae pausam aequivalentem assignare. Pro cuius evidentia est primo notandum quod pausa est signum vocis proportionaliter omissae in serie modulationis. [51] Secundo ponenda est figura triangularis *Iohannis de Torkesey* cum additione largissimae pausae, quam pono similem in omnibus longae, set largae cum additione

48 perfectae *ego:* -a *ms* cadunt *ego:* -ent *ms*
49 ab ea ascendentes *ego:* componentes *ms*
50 Corollarium *ego:* Corelarium *ms*
51 largissimae vero *ego:* longissimae vero *ms*

unius crucis in suppremo spatio, largissimae vero duarum, ne nimis de lineis super libros figurentur et quia valde raro occurrunt in designatione modulationis. Figura triangularis pausarum:

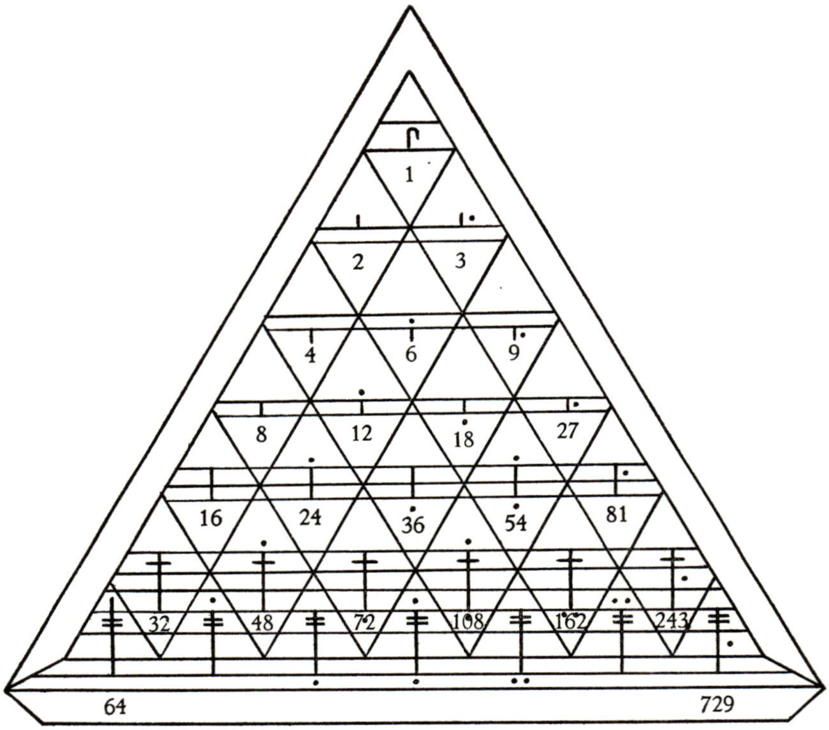

52 Tertio regulae sequuntur singulae. *Prima regula.* Pausae punctuatae seu non punctuatae singulis notis in figura trianguli supra positi proportionaliter correspondent. *Secunda regula.* Pausae minimae curvus in fine supra lineam, minutae vero ab inferiori linea usque medium spatium, semibrevis autem a superiori usque medium spatii tractus collocantur. *Tertia regula.* Pausa brevis spatium, longae vero tria spatia perfectae comprehendunt. *Quarta regula.* Pausa largae in suppremo spatio unica cruce, largissimae pausa duplici cruce, tria spatia ad modum longae perfectae occupant. *Quinta regula.* Pausa quae finis punctorum dicitur inmensurabilis appellatur. Penultimam vero notam cuiuslibet modi cui appo-

52 sequuntur *ego:* sequitur *ms*

nitur fore longam designat. [53] *Istae regulae variantur in multis a regulis Franconis, capitulo quarto musicae suae et a regulis Walteri Odington, libro sexto, capitulo quinto,* propter figuras additas, quia citra semibrevem nec ultra longam alteri figurae pausam assignaverunt.

[54] Quomodo vero pausae transmittunt modos seu imperficiunt notas, in sequentibus assignabo. Istae regulae pro valore notarum et pausarum sufficiant. [55] De valore vero ligaturarum, quia quodammodo habent regulas perfectionis et imperfectionis, in proximo capitulo dicetur.

Regula subsequentis figurationis. [56] Figurationem tamen propinquiorem comitati cantorum assignabo necessariis tractibus in aliquibus plurificatis, ut cuilibet brevi tractus unius spatii corespondeat, punctis appositis perfectionem signantibus.

[57]
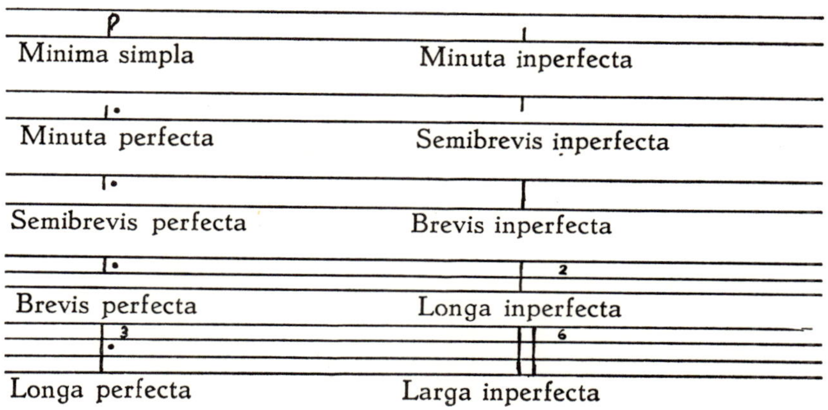

[53] sexto *ego:* quinto *ms* [54] transmittunt *ego: -ant ms* [55] ligaturarum *ego:* -atarum *ms* [56] propinquiorem *ego:* proincorem *ms* [57] 3 *ego:* 2 *ms* *treatise incomplete: should deal with ligatures in next chapter; diagram of pauses probably completed by larga perfecta and largissima*

[53] Cf. CS I, 126 and 237 f.

MS. BRITISH MUSEUM, ROYAL 12. C. VI

TRACTATVS DE FIGVRIS SIVE DE NOTIS

INTRODUCTION

The *Tractatus de figuris sive de notis* is the sixth anonymous treatise in Coussemaker's *Scriptorum de musica medii aevi nova series* I (Paris 1864), 369-377. It is a compact work, discussing in three well organised chapters the principal note-forms and values of the Ars Nova period, namely minim, semibreve and breve. The terminology is reminiscent of the *Musica practica* section of Johannes de Muris' *Ars novae musicae*, with its reference to Vitry's four prolations as *perfecte perfecta, perfecte imperfecta, imperfecte perfecta,* and *imperfecte imperfecta.* [1] Jacobus, author of the *Speculum musicae,* does not like these terms [2]; to be sure, he dislikes the Ars Nova anyhow. Another suggestion of an early date for the present treatise is the twofold reference to Aristotle, who was popular in the earlier part of the 14th century. Similarly, the discussion of notes as *longissima, longior* and *longa; brevis, brevior* and *brevissima* brings to mind Jacobus' discussion in the *Speculum musicae* [3]. The semiminim is not mentioned, because, as the author puts it, no note is smaller than the minim, for there cannot be less than the least *(minimum)* in nature. This argument brings to mind the words of the author of the *Breviarium regulare musicae* [4], and it is clear that this philosophical reasoning lay behind musicians' dislike of the semiminim during the 14th century.

Although it is temping to situate the present treatise around 1330,[5] and Hugo Riemann considered it as a late work of Odington [6], it is possible that it dates in fact from a somewhat later period. Particularly intriguing is the reference to *scuto* on p. 43, for the only treatise that contains a *scutum* is Torkesey's *Declaratio trianguli.* This *scutum* or shield depicts the various mensural note-forms from the maxima to the semiminim, which fits very well with the anonymous writer's reference to the "lozenge shape of the semibreve shown in the shield". Could this anonymous treatise be the work of Torkesey? If so, it betrays quite a few differences from the *Declaratio,* particularly in the form of the rests.[7] At all events,

1 Gerbert, *Scriptores de musica* III (1784), 298b.
2 Coussemaker, *Scriptorum...* II, 408a, 412b.
3 Idem, 409.
4 See p. 23.
5 Cf. J. Wolf, *Geschichte der Mensural-Notation* I (Leipzig 1904), 73.
6 H. Riemann, *Geschichte der Musiktheorie* (Leipzig, 2nd ed. 1921), 227.
7 See pp. 46, 49 and 60.

it is not unreasonable to assume that this could be an early work of Torkesey, dating from c. 1350 at the earliest. The only other logical assumption might be that Torkesey knew this anonymous treatise of the Muris school, and, while teaching it, referred to his own *Declaratio*, since there is quite clearly no *scutum* shown in the present text.

It may be worth mentioning that in one source the *Declaratio* of Torkesey is attributed to Robertus de Brunham [8], who is also mentioned by Johannes Hanboys as the author of certain notational novelties. One of these is the perfect breve rest covering one and a half spaces mentioned by our anonymous.[9] Unfortunately, Robertus' other rests correspond to the more normal system. Maybe neither Torkesey nor Robertus de Brunham wrote the *Tractatus de figuris sive de notis*, but their influence is closely reflected in this short treatise, which is preserved in a Bury St. Edmunds manuscript.

Here are the main points dealt with by the treatise. The minim is the smallest unit of time, and thus the basic one. Unlike the semibreve and breve, it can neither be perfected nor imperfected. All perfection is based on a division into threes, and the minim cannot be further subdivided. It can, however, be either *recta* or *altera*, because the altered note refers to the next higher value, which must then be perfect. Intrinsic perfection means the relation of a perfect note to the note next highest in value to it, e.g. a perfect breve = 3 semibreves. Extrinsic perfection refers to the more remote perfections, where, for instance, a breve is imperfected by a minim, or an imperfect note perfected by the use of a dot of division. A minim *altera* rest may have the same form as the *recta* rest, but the moderns tend to substitute the imperfect semibreve rest.

Although the minim is the smallest note-value and thus neither perfect nor imperfect, it does not follow that it is either perfect or imperfect. Since nothing can be taken away from it, it is neither perfect nor imperfect. Of course, the minim *altera* and the imperfect semibreve are identical in length, as are their rests, but whereas it is possible to take away a part of the semibreve's value, nothing can be subtracted from a minim.

Our author does not approve of the name semibreve, because this word means half a breve. Apparently he does not know the old argument in favour of a derivation from *semus, -a, -um,* meaning imperfect, rather than *semis,* meaning a half [10]. If, he says, the breve is short, the semibreve is shorter and should be called *brevior,* and the minim, the shortest note,

8 Cambridge, Trinity College, ms 0.9.29, f. 53v.

9 Coussemaker, *Scriptorum* I, 447.

10 Cf. the anonymous *Quatuor principalia musicae* in Coussemaker, *Scriptorum...* IV, 227.

brevissima. By applying the same idea to the longer note-values, we have *longa, longior, longissima* instead of *longa, larga, largissima*.

The author then deals with one or two philosophical objections to the mensural theory of his time. Why shouldn't one talk of large or small note-values instead of long and short ones? The reason is that the adjectives long and short refer to the measurement of time, while large and small are related to size. Besides, there is also the contrast here between successive movement and immobility. In any case, the names of notes, whatever one may think of them, have become traditional. Some people may say too that a note-shape in itself has no time-value, which is true, but one must follow the methods of the best philosophers and consider what the note-shape represents.

The perfect semibreve has two qualities: (a) it cannot properly be perfected, since it already is perfect; (b) it can always be imperfected (i) by a minim or minim rest preceding or (ii) following. Similarly, the imperfect semibreve has two qualities: (a) it cannot be imperfected, since it is imperfect already; (b) it can always be perfected (i) by a minim or a minim rest, (ii) by a dot (extrinsically). Finally, a semibreve on its own should be considered as *recta;* it is only its position that causes it to be *altera*, and thus it can be perfected or imperfected like a normal *recta*. A *semibrevis altera* is written just like a *recta*, but it becomes *altera* when it is the second of two semibreves placed between two breves. Note that the perfect semibreve rest protrudes both above and below the stave-line, while the *semibrevis altera* rest is the same as the imperfect breve rest.

The breve is of two kinds, normal and plicated. Like the semibreve, it can be subdivided into perfect and imperfect varieties. The perfect type divides again into perfectly perfect and perfectly imperfect, while the imperfect type divides into imperfectly perfect and imperfectly imperfect. Some people call these the 4 *mensurae* (Vitry's four prolations), but our author feels this is false, because the semibreve and minim both have definite measures, and these 4 names suit neither of them. Then these other musicians say that all measure is in the breve, because the 4 *mensurae* derive from the breve. But our author feels that it is the semibreve rather than the breve which measures all other notes, and in a way he is right, for this note relates directly to both minim and breve. However, he also seems to accept the importance of the breve here, for larger values are considered according to how many breves they contain,[11] and smaller values according to how many of them fill the space of a breve.

[11] As Wolf points out, the theory of *modus* is completely neglected here. Cf. *Geschichte der Mensural-Notation* I, 73.

Finally, the treatise goes into the twofold properties of the perfect and imperfect breve, which are generally the same as in the case of the perfect and imperfect semibreve. It is interesting to note that our author does not see imperfection where an imperfect breve subtracts a minim from its total value, for only perfection can be imperfected. Instead, he uses the word diminution for this procedure. As already mentioned, the perfect breve rest covers one and a half spaces on the stave, while the imperfect breve rest has the normal single space.

THE SOURCES

The principal, and strictly speaking the only source of the anonymous *Tractatus de figuris sive de notis* is ms London, British Museum, Royal 12. C. VI, whose musical contents are listed below. However, an 18th century copy made for Dr Pepusch also exists as Additional ms 4909 of the British Museum, presented to the Museum by Sir John Hawkins. Our treatise appears on f. 98-104 v. In general, this late copy has not been taken into consideration, for it is by no means always correct, though it was evidently Coussemaker's principal source.

London, British Museum, Royal 12.C.VI. Late 13th-14th century. Cod. membr., 218 x 152 mm., 81 fol. + 3 unnumbered modern paper flyleaves at each end (cf. Sir G. F. Warner and J. P. Gilson, *British Museum Catalogue of Western Manuscripts in the Old Royal and King's Collections,* London, 1921, vol. II, 24)

fol. 1-49v	Non agunt de musica
fol. 50-51v	Anonymus tractatus de musica. Inc. "Est autem unisonus quando due voces..." Expl. "Item si descendat per diatessaron, sta in eodem." (Anon. V, CS I, 366-368)
fol. 52	"De tonorum agnitionibus"
fol. 52v	Manus guydonica
fol. 53-53v	Exempla musica
fol. 54-58	Anonymus tractatus de figuris sive de notis. Inc. "Cum in isto tractatu de figuris..." Expl. "... et reliqua ad notam subsequentem. Et sic finitur capitulum tertium." (Anon. VI, CS I, 369-377)
fol. 58	"Faus semblaunt" (Rondeau cum tenore; cf. Wolf, *Geschichte der Mensural-Notation* II-III, no. 12)
fol 59-81v	Anonymus tractatus de musica. Inc. "Cognita modulatione melorum secundum viam octo troporum..." Expl. "dicendo omnis spiritus laudet dominum, etc., cuncta bona." (Anon. IV, CS I, 327-365)

EDITORIAL REMARKS

Passages placed between angle brackets in this edition are not in the original manuscript.

⟨TRACTATUS DE FIGURIS SIVE DE NOTIS

Capitulum 1
De minima⟩

Cum in isto tractatu de figuris sive de notis, quae sunt et de earum proprietatibus sit intentio, primo est tractandum de prima nota procedendo ad ultimam, et voco illam figuram sive notam primam quae prima est in voce. Unde cum quanto vox sit minor, tanto prior est in voce, sequitur quod minima vox prima est in voce sive in prolatione. Et cum figura illius etiam apud musicos in scripto vocatur minima, ideo de illa figura et de proprietatibus eius est primo dicendum; et sic procedo ad largissimam.

Figuratur etiam minima isto modo:

(Ex. 1) 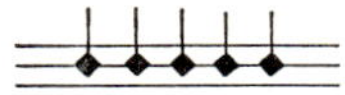

Et est notandum quod minima nec potest perfici nec imperfici. Perfici non potest, eo quod non potest continere valorem trium vocum aequalium minorum se, cum nulla vox sit minor minima, quia minus minimo non est dandum in rerum natura. Nec continet in se valorem trium vocum aequalium aequivalentium sibi minimae, cum haec in nulla nota inveniatur, et per consequens non continet valorem trium aequalium maiorum se ipsa, et per consequens non potest perfici. Unde sciendum est quod ad hoc quod aliqua nota sit perfecta, oportet quod valeat tres notas aequales minores se quae sunt in gradu sibi propinquo descendendo,[1] ut si semibrevis sit perfecta, oportet quod valeat tres minimas in voce, et si brevis sit perfecta, oportet quod valeat tres semibreves aequales in voce, et sic de aliis. Et si ita sit quod sit verum de alia ipsam non valere 3,[2] et modo quo hic ostenditur, ista non debet dici perfecta, sed imperfecta debet appellari.

Unde generaliter est sciendum in ista arte quod omnis perfectio sistit in tres. Hoc etiam confirmatur esse verum per Aristotelem "primo celi et mundi" [3], dicentem sic: *omne totum et perfectum super tria ponimus.* Patet igitur quod minima nullo modo potest perfici, et quod minima non potest imperfici patet ex praedictis, quia, quod omnis nota quae potest imperfici potest perfici, patet inductione. Set sciendum est quod quaedam minima vocatur recta et quaedam altera. Et dicitur altera quia valet mi-

[1] disc- *ms et passim* [2] sit verum... [3] *incertum ms*
[3] Aristotle, *De Coelo,* L. I, c. I.

nimam et alteram, sed recta non valet nisi minimam tantum. Et sciendum quod altera sive alterata minima invenitur tantum in duabus mensuris, ut in mensura perfecte perfecta et mensura perfecte imperfecta. Et ratio huius est quia nota altera convocat notam superiorem in proximo gradu esse perfectam, velut si minima sit altera, semibrevis est perfecta, et si altera semibrevis inveniatur, brevis dicitur[4] esse perfecta; et si altera brevis inveniatur, longa dicitur perfecta, et hoc si cetera sint paria. Altera minima sic cognoscitur: quandocumque duae minimae inveniuntur inter duas semibreves perfectas, vel habentes valorem duarum semibrevium perfectarum, una est recta, scilicet prima, et secunda altera.

Et non intelligo per valorem duarum semibrevium sic quod tantum valor unius semibrevis praecedat rectam et alteram, et tantum valor alterius semibrevis subsequatur. Sed isto modo est intelligendum: quod si valor unius semibrevis, vel duarum ut brevis, vel quatuor ut longa, et sic de aliis, praecedat duas minimas, et postponatur semibrevis[5] vel eius valor, loquendo uniformiter de valore, si hoc inveniatur in duabus mensuris praedictis, prima vocatur recta et secunda altera, et in aliis duabus mensuris non, ut praemissum est. Unde recta et altera minima aequipollent semper semibrevi perfectae. Sed cum semibrevis solum in duabus mensuris inveniatur perfecta, et hoc proprie et per se absque alico extrinseco, sequitur quod solum in[6] duabus mensuris debet altera minima pronuntiari.

Unde sciendum est quod differentia est inter perfectionem extrinsecam et intrinsecam. Unde illa nota dicitur habere perfectionem in cantu intrinsecam, quae praecinendo omnes inferiores potentes eam imperficere et ommem divisionem, valet tres alias notas gradus sibi immediati descendendo; et ita perfectio non invenitur in semibrevibus, nisi in prima mensura perfecta et prima imperfecta quae superius nominantur.

Perfectionem extrinsecam possumus dupliciter intelligere: uno modo quando aliqua nota valet tres eo modo quo dictum est, tamen aliquid extrahitur ab aliqua illarum, ut quando a brevi perfecta extrahitur una minima praecedens vel subsequens; vel quando a longa perfecta facta ex brevibus perfectis semibrevis extrahitur; vel quando a larga longa perfecta extrahitur brevis vel valor brevis; vel quando a largissima perfecta longa extrahitur longa vel valor longae. Unde quaelibet talis dicitur perfecta, quia cum aliquid deficit de eius perfectione in ea, aliquid[7] extrinsecum tribuit sibi suam perfectionem. Ideo illa perfectio quam habet est extrinseca, eo quod provenit ab extrinseco.

Alio modo dicitur perfectio extrinseca, quando nota perficitur per aliquid quo remoto non esset perfecta, et illo modo solus punctus qui

[4] dice- *ms* [5] brevis *ms* [6] in in *ms* [7] aliud *ms*

dicitur divisio causat perfectionem. Unde in mensura imperfecte perfecta et imperfecte imperfecta est semibrevis semper imperfecta, nisi sibi punctus sive divisio, quae idem est, sibi addatur, et tunc est perfecta. Set remoto puncto tunc statim erit imperfecta; ideo illa perfectio provenit ab extrinseco, quia igitur de se non potest semibrevis in istis duabus mensuris esse perfecta.

Ideo tractantes de notis per ordinem, de earum pausis eodem ordine decet facere mentionem. Pausa igitur minimae continet dimidium spatii desuper lineam quae figuratur sic:

(Ex. 2) 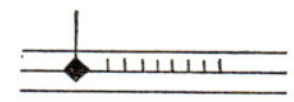

Et hoc est intelligendum de minima recta et non de minima altera secundum usum modernorum. Si tamen eadem esset pausa utriusque, non esset contra artem nec contra rationem, quia qua ratione utraque minima eamdem figuram habet, eadem ratione utriusque pausa eodem modo figurandi potest exerceri. Et sicut est de minima, sic est de aliis notis in quibus alterae inveniuntur. Verumtamen quia altera minima aequipollet semibrevi imperfectae, ideo pausa illius ad modum pausae semibrevis imperfectae a modernis figuratur in fine istius capituli; ut magis elucescant, per exempla patebunt.

Contingit enim dubitare circa unum prius dictum qualiter minima nec est perfecta nec imperfecta; quia sequitur minima est et non est perfecta, igitur imperfecta, et per consequens est perfecta vel imperfecta. Dicendum quod non sequitur de forma, quia omnis imperfectio est privatio alicuius perfectionis, eo quod perfectum et imperfectum privatione opponuntur. Sed nulla minima potest privari aliqua perfectione, eo quod non est apta nata habere perfectionem: igitur non est imperfecta nec est perfecta, ut satis patet superius. Contra illud ad hoc arguitur sic: altera minima et semibrevis imperfecta idem tempus in voce conservant et etiam in pausis; igitur qua ratione una est imperfecta, eadem et alia. Dicendum quod non sequitur,quia semibrevis imperfecta privatur aliquo, quo posito, ipsa erit perfecta. Et etiam aliquando aliquid praecedit semibrevem vel subsequitur, quo remoto, sibi esset perfecta. Sed sic non est de minima, quia, quocumque posito vel remoto, nunquam potest fieri perfecta: igitur patet quantum ad illam objectionem. Alia vero dubia relinquo magistris in scientia musicali studentibus. Et sic finitur capitulum primum huius tractatus.

Sequitur iam de exemplis proprietatum minimarum modo q⟨uo hic⟩ describuntur. Exemplum alterarum minimarum tam inter pausas quam inter figuras in mensura perfecte perfecta, ut satis patet:

(Ex. 3)

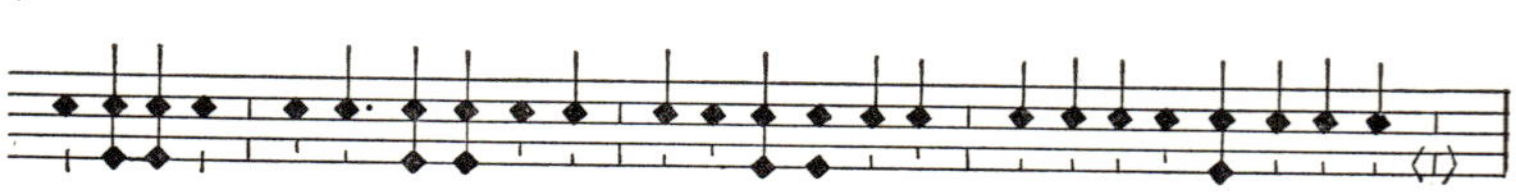

Exemplum alterarum minimarum tam inter pausas quam figuras in mensura perfecte imperfecta, ut satis manifestatur:

(Ex. 4)

Hic ponuntur alterae minimae inter breves et valores earum, inter longas, largas et largissimas superius, et inter pausas earum inferius:

(Ex. 5)

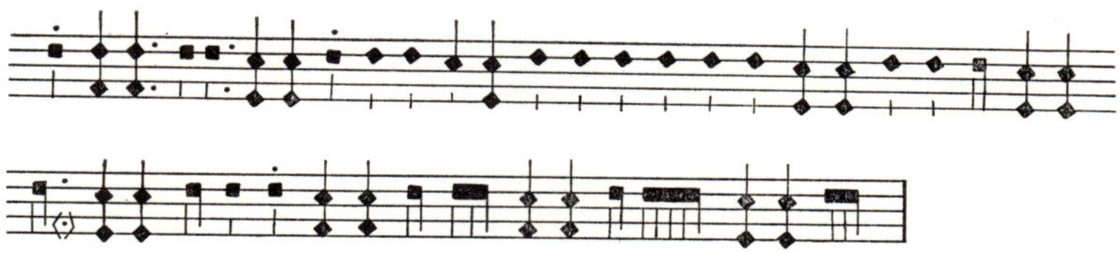

⟨Capitulum 2
De semibrevi⟩

Dicto de minima et aliqualiter de eius proprietatibus, dicendum est de ista nota quae semibrevis nuncupatur, et figuratur ad modum losengae in scuto [8], sicut et minima excepto quod caret tractu desuper. Figuratur enim semibrevis sic:

(Ex. 6) 

Videtur tamen talem notam improprie aliquando vocari semibrevem, quia ista nota quae dicitur semibrevis aliquando valet solam tertiam partem brevis, ut in utraque mensura perfecta. Sed semibrevis dicitur quasi medietas brevis; igitur, ut videtur, non debet quaelibet nota sic figurata vocari semibrevis.

Propria brevis dicitur a tempore brevi, eo quod brevis a brevi tempore mensuratur, sed semibrevis a breviori tempore mensuratur; igitur magis debet dici brevis quam illa cui nomen brevis imponitur. Unde unumquodque quanto propinquius est alicui formae, tanto verius potest ab illa forma denominari. Ideo dico quod nomen brevis bene brevi competit, eo quod brevis breve tempus continet in mensura, et similiter semibrevis eodem nomine bene posset appellari, eo quod causam eius nomine verius obtinet quam brevis, ut probatum est, quia semibrevis a breviori tempore mensuratur quam brevis.

[8] Torkesey, p. 60.

Ideo brevior a breviori tempore bene posset denominari, et similiter ista nota quae vocatur minima bene posset vocari brevissima. Et sic tres primae figurae istis nominibus bene proprie possent appellari, incipiendo a tertia et sic descendendo ad primam: brevis, brevior, brevissima. Et sicut istae tres figurae ad invicem comparantur, sic et tres residuae possent ad invicem comparari. Unde illa quae longa nuncupatur nomen habet sibi proprie impositum, eo quod a longo tempore mensuratur in regula ad alias inferiori [9].

Et illa nota quae vocatur larga bene et evidentius posset appellari longior in comparatione ad longam, eo quod longiori tempore quam longa mensuratur. Et per consequens illa quae largissima vocatur in comparatione ad longam et longiorem, longissima posset appellari proprie, ita quod istae tres notae sic vocantur: longa, longior, longissima.

Hic posset quaeri quare ponuntur nomina notarum magis sub istis relativis breve et longum, magis quam sub aliis ut magnum et parvum. Dico quod longum et breve sunt proprie mensurae temporis, unde proprie dicitur tempus esse longum vel breve. Sed improprie dicitur quod tempus sit largum vel magnum vel huiusmodi, eo quod talia a magnitudinibus suscipiunt proprietatem. Sed tempus et magnitudo distinguntur sicut successivum a permanente, ut patet per Philosophum "3° Physicorum" [10] et multis aliis locis. Utendo tamen nominibus notarum a primordio institutis, dicendum est ad omnes objectiones, quotquot fuerint objectae, quod institutio talium nominum fuit ad placitum instituentis.

Sciendum est de semibrevibus quod quaedam est recta et quaedam altera. Recta semibrevis adhuc duplex est: quaedam perfecta et quaedam imperfecta. Semibrevis perfecta signat tempus trium minimarum. Unde falsum est dicere quod nota sive figura in scripto aliquid valet, sed est signum valoris tanti temporis vel tanti, licet talis sit usus loquendi. Utimur aliquando falso modo loquendi pro vero, cognominamus tamen communiter loquentibus, et eodem modo utuntur philosophi et alii doctores. Et illud dico si forte aliquis impugnet [11] sive impinget.

Imperfecta semibrevis solum signat tempus duarum minimarum.

Semibrevis perfecta habet duas proprietates. Prima est quod semibrevis perfecta proprie non potest perfici. Hoc probatur sic: nullum tale quod de se est perfectum indiget perfectione, nec proprie potest perfici. Sed omnis semibrevis perfecta de se est perfecta: igitur nulla talis proprie potest perfici, et loquor de perfectione intrinseca. Maior patet quia perficere est facere perfectum de imperfecto, ut patet de ex signato vocabulo [12]; minor etiam patet de se, loquendo de perfectione intrinseca.

[9] inferioris *ms* [10] Aristotle, *Phys.*, L. III, c. VII.
[11] impungnet *ms* [12] -uli *ms*

Secunda proprietas semibrevis perfectae est haec, quod omnis semibrevis perfecta potest imperfici, quia imperficere est de perfecto imperfectum facere. Unde proprium est cuilibet semibrevi posse imperfici, et hoc contingit multis modis: uno modo per minimam praecedentem, vel vicem minimae gerentem, ut per eius pausam, et hoc si illa minima vel eius pausa ad illam brevem referatur; alio modo per minimam subsequentem vel eius pausam, si brevi applicetur.

Imperfecta semibrevis habet alias duas proprietates. Prima est ista quod ⟨ipsa proprie non imperficitur aliunde, cum de se sit imperfecta. Secunda est quod⟩ omnis semibrevis imperfecta potest perfici. Hoc patet inductive descendendo per omnes quatuor mensuras. Si loquamur de mensura perfecte perfecta et perfecte imperfecta in quibus est eadem semibrevis, et imperficiatur per minimam vel eius valorem, ablata illa minima sive eius valore ablato, statim erit perfecta. Et si loquamur de mensura imperfecte perfecta et imperfecte imperfecta in quibus est semibrevis eadem, adhuc potest perfici ut per punctum. Sed prima perfectio est intrinseca, secunda vero extrinseca, ut patet in primo capitulo.

Semibrevis altera aequipollet brevi imperfectae, eo quod valet duas semibreves, sicud brevis imperfecta. Set potest quaeri an altera semibrevis perficitur et imperficitur sicud et recta. Et ad illud dico quod omnis nota per se stans dicitur nota recta. Unde illa quae altera vocatur recta est, ut satis patet, eo quod omnis altera ad modum rectae figuratur. Unde non vocatur altera quia altera vel quia altera recta, sed quia est recta convocans alteram, ut patet per expositionem eius. Unde primo subponitur quod talis fit recta, sed solum exprimitur altera propter breviloquium.

Unde altera nota primo signat se ipsam rectam, et ex consequenti alteram. Ex quo patet quod quaelibet altera a minima altera perfici potest et imperfici sicud et recta, eo quod recta est in se. Per accidens tamen convocat alteram, ut satis patet, quia accidit uni rectae quod sic ponatur vel sic, ut quando duae rectae ponuntur inter duas superiores perfectas.

Et si quaeratur de illa quam convocat recta ut de illa altera, dicendum quod illa non est antequam profertur [13], quod satis patet, nisi velimus dicere quod causat talem conceptum. Quod non sic in scripto patet, quia eodem modo figuratur recta et altera. Sed quando profertur eodem modo, mensuratur sicud et recta ut patet; et per consequens eandem mensuram consonabit.

Altera semibrevis tantum invenitur in duabus mensuris perfectis cuius ratio satis manifestatur in capitulo primo et in illis duabus mensuris sic cognoscitur: quando duae semibreves inveniuntur inter duas breves vel earum valores. Intelligo per valores, sicut exponitur capitulo primo, prima

[13] -ratur *ms*

est recta et secunda altera, sive ponatur pro recta valor rectae, secunda erit altera.

Et pausa rectae semibrevis imperfectae continet medietatem spatii sub linea et isto modo figuratur:

(Ex. 7) 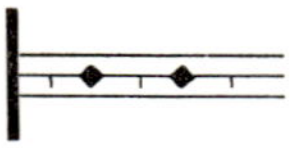

Pausa semibrevis perfectae continet unam medietatem spatii supra lineam et aliam sub linea, ut hic:

(Ex. 8) 

Pausa vero alterius semibrevis figuratur ad modum brevis imperfectae, et sic finitur capitulum secundum.[14]

⟨Capitulum 3
De brevi⟩

Sequitur de brevi. Et sciendum quod omnis nota sive figura per se stans, nullum habens tractum, brevis appellatur, et isto modo figuratur:

(Ex. 9) 

Et sciendum quod quaedam brevis est simplex, quaedam vero plicatur. Brevis simplex figuram praescriptam optinet. De brevi plicata est sciendum quod omnis nota quadrata unum habens tractum ex parte una et alia ex parte alia, ex utraque parte ascendentes aut descendentes, si tractus a parte sinistra longior sit quam tractus a parte dextera, brevis plicata dicitur, ut hic:

(Ex. 10) 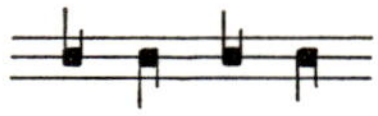

Et sciendum quod haec sunt proprietates brevis simplicis et plicatae. Brevis vero sic dividitur: quaedam est perfecta et quaedam imperfecta, et utraque subdividitur. Brevium perfectarum quaedam perfecte perfecta et quaedam imperfecte perfecta. Brevis perfecte[15] perfecta dicitur quae valet tres semibreves quarum quaelibet tres minimas. Brevis imperfecte perfecta dicitur illa quae valet tres semibreves quarum quaelibet valet tantum duas minimas.

14 Sequitur de exemplis *ms*
15 -cta *ms*

Brevium vero imperfectarum quaedam est perfecte imperfecta et quaedam imperfecte imperfecta. Brevis perfecte imperfecta dicitur illa quae valet duas semibreves quarum utraque valet tres minimas. Brevis imperfecte imperfecta est illa quae valet duas semibreves quarum neutra valet nisi duas minimas. Unde apud quosdam istae quatuor differentiae appellantur mensurae, et sic dicentes, dicunt quod sunt tantum quatuor mensurae quae quatuor nominibus praemissis nominantur. Sed hoc videtur falsum esse, quia semibrevis et minima habent certas mensuras; tamen nullum quatuor nominum competit minimae nec semibrevi, eo quod nec fiunt ex perfectis nec imperfectis. Sic etiam dicentes, dicunt quod omnis mensura est in brevi, eo quod illa quatuor nomina primo brevi competunt. Sed hoc videtur esse falsum, quia illa nota per quam scimus mensurare omnes alias notas, et sine qua nescimus certam mensuram aliarum, illae [16] debet mensura primo et principaliter appropriari. Sed per semibrevem mensuramus omnes superiores, et sine cognitione mensurae illius non scimus certam mensuram aliarum [17], ut satis patet.

Igitur semibrevi debet mensura primo appropriari, et per consequens nullum istorum quatuor nominum proprie et primo debet dici mensura. Sed omnis mensura debet dici simpliciter perfecta vel imperfecta et nulla perfecte vel imperfecte. Sciendum est igitur quod mensura dicitur dupliciter, proprie, scilicet, et improprie. Proprie dicitur aliquid mensura quod mensurat aliud, et sic in nulla voce est mensura, quia sic dicitur solum tempus mensura vocis signatae [18] per unam notam vel per aliam.

Improprie dicitur aliquid esse mensura quando illud accipitur pro mensura quod est mensuratum, sicut communiter ex usu loquendi accipitur; et isto modo vox signata per notam mensura appellatur, eo quod quaelibet nota signat certam mensuram temporis. Unde isto secundo modo loquendo de mensura, dico quod brevis primo et principaliter signat omnes mensuras, eo quod ista quatuor nomina mensurarum primo et principaliter per brevem signantur. Unde plures mensuras non oportet ponere, eo quod omnes aliae mensurae ab ipsis intelliguntur in ipsisvel ad ipsas reducuntur.

Unde omnes semibreves et minimae quae sunt inferiores ad brevem, per additionem horum adverbiorum perfecte et imperfecte, satis aperte intelliguntur. Omnes vero superiores ad illas quatuor reducuntur, prout primo conjunctim in brevi. Unde illae quatuor differentiae competunt omnibus notis superioribus, sicut et brevi, quia tamen nunquam sumus certificati per illa nomina de mensura superiorum usque brevi per multitudinem questionum fuerimus applicati. Ideo primo et principaliter quatuor istae mensurae in brevi concurrunt. Unde si quaeratur de longa cuius mensura sit, etc., respondeatur per mensuram perfecte perfectam.

16 aliorum, illi *ms*   17 aliorum *ms*

Adhuc quasi nulla certificatio mensurae habetur, quia adhuc oportet quaerere de longa ex quibus fit longa, et habita mensura earum, adhuc non habemus certitudinem mensurae, quia adhuc oportet quaerere cuius mensurae sint breves ex quibus constat longa. Sed habito de brevi quod sibi conveniat aliqua quatuor praedictarum mensurarum, statim sumus certificati de mensura. Ideo illae quatuor mensurae maxime brevi appropriantur. Et per ista iam dicta patet satis ad prius objecta.

Quantum ad primum patet quod, licet nulla quatuor mensurarum nec semibrevi nec minimae competat, omnis mensura illarum satis intelligitur in qualibet quatuor mensurarum; et non solum intelliguntur, sed etiam per ista adverbia perfecte et imperfecte exprimuntur. Unde habito quod brevi conveniat aliqua quatuor mensurarum, vanum est quaerere de mensura semibrevis vel minimae, quia hoc per appositionem adverbiorum praedictorum exprimitur.

Ad secundum dico quod est concedendum omnes alias notas accipere certam mensuram a semibrevi. Et etiam unum est quod omnis mensura est perfecta vel imperfecta. Sed ex istis non sequitur quod nulla perfecte, etc., nec imperfecte. Unde sciendum est quod omnis nota perfecta vel imperfecta alia a semibrevi per semibrevem mensuratur, quia si quaeratur de brevi et dicitur quod est perfecta, adhuc non est certitudo de mensura. Sed addito hoc adverbio perfecte vel imperfecte, statim sumus certificati, eo quod tunc scimus mensuram semibrevis. Et ideo illa adverbia semper in mensuris praeponuntur.

Unde si quaeratur qualis est ista mensura, convenienter respondetur dicendo quod est perfecte perfecta, et sic de aliis; et e contrario propter hoc quod semibrevis mensura oportet praesupponi. Similiter secundum grammaticos adverbia immediate sequuntur verba in constructione; si tamen e contrario respondeatur, bene respondetur, melius tamen modo praedicto.

Ex istis igitur patet quod istae quatuor mensurae sufficiunt, et quod primo in brevi inveniuntur, et ex consequenti in aliis superioribus ad brevem, ut probatum est. Sciendum est de proprietatibus brevis quod eaedem proprietates conveniunt brevi et semibrevi. Unde brevi perfectae competunt duae proprietates. Prima est quod ipsa brevis perfecta, cum de se est perfecta, non perficitur ab alia,[19] quia nullum tale quod de se est perfectum ab alia [20] perficitur, ut probatum est capitulo secundo. Secunda proprietas brevis perfectae est quod quaelibet talis potest imperfici et hoc dupliciter: aut per semibrevem praepositum aut eius valorem, aut per semibrevem postpositam aut eius valorem. Et istae proprietates conveniunt brevi perfectae in utroque modo perfectionis.

18 singnate *ms*
19, 20 alia *ms*

Brevis imperfecta similiter habet duas proprietates. Prima est quod ipsa proprie non imperficitur aliunde, cum de se sit imperfecta. Unde licet aliquando de brevi imperfecta extrahatur minima, propter hoc non proprie imperficitur, cum proprie imperficere sit facere de perfecto imperfectum, sed est quaedam diminutio, ut satis apparet. Secunda proprietas est quod quaelibet brevis imperfecta potest perfici, et hoc duobus modis, sicut et semibrevis, ut satis patebit in exemplis.

Iam dicendum est de alteris brevibus et valde breviter, eo quod de omnibus alteris in duobus capitulis praemissis pro maiori parte declaratur. Unde sicut altera semibrevis ponitur inter breves et earum valores, sic altera brevis inter longas et earum valores, et hoc apertius per exempla patebit.

De pausis brevium est sciendum quod pausa brevis perfectae in utroque modo perfecto continet unum spatium et medietatem alterius secundum figurantes modernos, ut hic:

(Ex. 11) 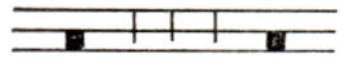

Pausa imperfectae brevis solum spatium continet, ut hic:

(Ex. 12) 

Et hoc est intelligendum in utroque modo imperfecto. Sequitur de exemplis.

Hic patet imperfectio brevium per semibreves et earum valores praepositas et postpositas in prima mensura perfecta, ut patet hic:

(Ex. 13) 

Hic fit resolutio in secunda mensura perfecta:

(Ex. 14) 

Hic patet perfectio inperfecta per remotionem in perfectis:

(Ex. 15) 

Hic vero per punctum:

(Ex. 16) 

(Ex. 17)

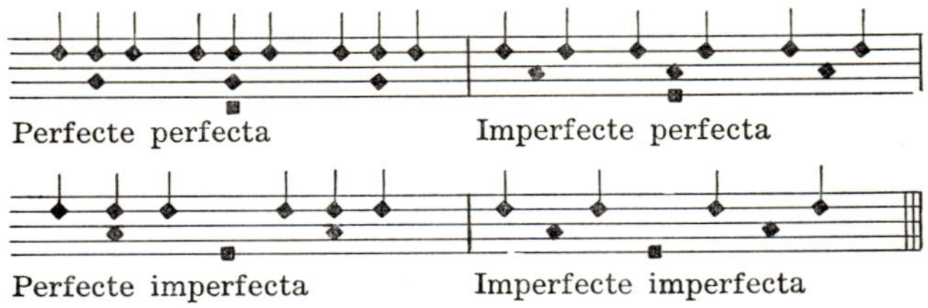

(Ex. 18)

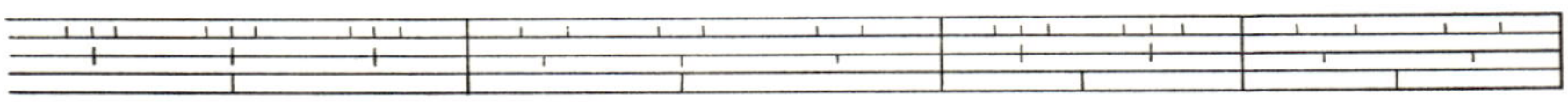

Et istae sunt 4 mensurae in brevi repertae.

Hic ponuntur alterae breves in prima mensura perfecta cum pausis sequentibus:

(Ex. 19)

Resolutio rectarum in eadem mensura:

(Ex. 20)

Hic fit resolutio rectarum in prima mensura imperfecta:

(Ex. 21)

In istis vero exemplis ponuntur alterae breves inter valorem longarum in prima mensura perfecta:

(Ex. 22)

Hic vero fit alio modo resolutio, ut sequitur. Et sciendum quod omnia exempla hic posita intelliguntur in secunda mensura perfecta nisi quod pausae semibrevium sunt diversae:

(Ex. 23)

Hic ponuntur alterae in prima mensura imperfecta inter longas et earum valores cum pausis. Et sciendum quod omnibus his modis inveniuntur alterae in secunda mensura imperfecta, excepto quod pausae semibrevium non sunt heaedem:

(Ex. 24)

Hic ponuntur multae alterae [21] simul:

(Ex. 25)

Hic ponuntur alterae inter largas:

(Ex. 26) 

Hic inter largissimas:

(Ex. 27) 

Et sciendum quod si divisio ponatur inter omnes breves vel semibreves vel minimas, tunc nulla erit altera sed utraque erit recta. Et sic una debet referri ad notam praecedentem et reliqua ad notam subsequentem. Et sic finitur capitulum tertium.[22]

[21] multa altera *ms* [22] *Hic sequitur Ex. 27 ms*

JOHANNES TORKESEY

DECLARATIO TRIANGVLI ET SCVTI

INTRODUCTION

LES TEXTES

Nous avons utilisé, pour établir ce texte, les manuscrits suivants: London, BM Add. 21455 f. 7—8v; Cambridge, Trinity College 1441 (0.9.29) f. 53v—55; London, BM Landsdowne 763 f. 89—91, 94; Rome, Bibl. Vat., Reg. Lat. 1146 f. 55v—57r. Nous les désignerons respectivement par les sigles **A, C, L, V.** Nous avons consulté aussi le „De Templo Musicae" de R. FLUDD, livres II—IV.

Ni **A** ni **V** ne mentionnent aucun nom. **L** invoque l'autorité de Maître Jean Torkesey, **C** celle de Robert de Brunham. Ce dernier manuscrit est signé de John Wilde, qui fut, environ 1450, Maître de Chapelle à l'Abbaye Ste. Croix de Waltham.

LE DEVELOPPEMENT

Le texte de la 'Declaratio' comporte quatre chapitres. Le premier définit les figures de notes fondamentales. Le second montre comment elles se diversifient, grâce à l'utilisation de points disposés différemment. Dans le troisième, on étudie les rapports numériques qui s'établissent entre les figures ainsi créées. Le quatrième est consacré aux pauses qui répondent à ces figures.

Rien que de très logique dans ce développement. Le manuscrit de Cambridge est cependant le seul à le présenter intégralement et dans cet ordre. Les lignes qui suivent vont donner sur ce point les précisions nécessaires.

FILIATION DES MANUSCRITS

Est-il possible en effet de déterminer entre ces quatre manuscrits un lien de parenté? La rédaction du ch. I, qui manque dans **V**, invite à opposer à **A** le groupe **C, L** (I, 2 unum **A**, unicum **C, L**; simpliciter **A**, simplicium **C, L**; II, 6 qui manque en **A**, se retrouve identique en **C** et **L**).

Cependant, si l'on examine l'ordre dans lequel se succèdent les chapitres, on constate que la présence du ch. IV entre les ch. II et III est commune à **A** et **L**, tandis que **C** et **V** présentent l'ordre que nous proposons.

A	C	L	V
II,8 en partie	II,8 entier	II,8 entier	II,8 entier
IV 2 — 5	III 1 —15	IV 1 — 5	
		f. 91 { III 7 — 9 11—13 10	
III 2 —13		f. 94 { III 2 — 9 14 et 15 à partir de "et ideo..."	III 2—14 et 15 à partir de "et ideo..."
	IV 1 — 6		IV 2—5

Comme le montre le tableau ci-dessus, il semble que le copiste ait voulu reprendre f. 94 ce qu'il avait omis f. 91, en reproduisant toutefois III, 7—9 dont les deux versions sont nettement différentes. De plus, la façon dont se présente III,15 incite à supposer qu'en ce point **L** et **V** ont connu un archétype commun.

Or l'étude du ch. II permet de dégager des point communs particulièrement significatifs entre **L** et **V**, et qui opposent ces manuscrits à **A** et **C**: ex. II,3, "Excepta simpla quae indivisibilis est" au lieu de "praeter simplam"; "Quae caret puncto" au lieu de "puncto carens"; II,6 "Et ipsa perfecta est ex proxima..." au lieu de "et ipsa et proxima perfectae sunt"; "et ipsa perfecta est et duae proximae species..." au lieu de "ipsa cum duabus proximis speciebus..."; II,8 au lieu de "praeter impartibilem" en **C**, **A** ayant omis la dernière partie de ce passage, **L** offre "excepta sola simpla quae est impartibilis", et **V** "excepta sola impartibilis quae simpla dicitur", et cette différence même, dans sa minceur, vient à l'appui de notre dernière hypothèse.

LES FIGURES

A, C, L nous offrent quatre figures qui représentent la première les trois notes carrées primitives, la seconde, à l'intérieur d'un petit écusson, les six notes qui en découlent immédiatement. La troisième est le triangle où s'ordonnent, suivant différents systèmes, 21 notes pointées et non pointées. A ces notes correspondent autant de pauses qu'on trouvera sur la quatrième figure. **V** ne contient que deux figures, celle du triangle et celle des pauses.

La représentation du triangle n'est absolument conforme au texte qu'en **V.** Nous la reproduisons ici en la simplifiant légèrement. En **L** ne s'explique pas l'allusion aux "circula" du triangle. **C** ne présente pas ces cercles, mais accorde le texte à la figure en écrivant "in triangulo" au lieu de "in circulis trianguli". En **V**, les figures de notes, avec les nombres qui les définissent, s'inscrivent effectivement dans de petits cercles; il en est de même en **A**, mais alors, c'est la représentation du triangle, complètement inversée, qui ne permet plus de suivre le texte. En outre ne figurent en **A** ni "latus", ni "linea".

Nulle part la représentation des pauses n'est absolument parfaite. Celle qui laisse le plus à désirer est en **V**, où nous ne trouvons que 13 figures au lieu des 21 attendues. On notera en **A** une interprétation à la lettre de l'expression "notae in figura trianguli suprapositae": le triangle des notes recouvre en effet, en partie, un triangle où s'inscrivent les pauses, aux places correspondantes. Ni **C** ni **L** ne s'en sont souciés: ils donnent une représentation analogue à celle que nous proposons. Il faut alors interpréter "suprapositae" comme "supradictae": aussi bien est-ce ce dernier adjectif qu'emploie **V.** Quant à la représentation de **L**, elle fournirait, s'il était necessaire, un nouveau témoignage de l'ignorance des copistes. En face d'une figure de large, **C**, par exemple, donne correctement les six pauses correspondantes. Mais **L** a cru que les quatre points que l'on trouve ainsi au-dessus des pauses affectaient la note, d'où

C

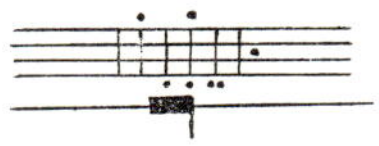

L

LE 'TEMPLUM MUSICAE' DE FLUDD

R. Fludd a introduit la 'Declaratio' dans son 'De Templo Musicae'. La référence à R. de Brunham d'une part, la comparaison des textes d'autre part permettent de conclure que Fludd a utilisé le texte de Cambridge ou un texte de la même famille, tout en usant parfois d'un style plus recherché. Il écrit ainsi "nempe" au lieu de "scilicet", "oriuntur" au lieu de "fiunt", "defectum" au lieu de "carentiam". Le texte est d'autre part présenté de façon discontinue: le ch. I, 1—10 répond chez Fludd au ch. I du livre II; le ch. II au ch. V du livre IV; les ch. III et IV au ch. VII du même livre. Enfin, au système de Brunham-Torkesey qui, au-delà de la minime, prévoit la "simple", Fludd combine celui de Philippe de Vitry qui, au-delà de la minime, prévoyait une semiminime. Cette dernière figure se situe, chez Fludd, entre la minime et la "simple", ou "fusa". A cette dernière s'ajoute une nouvelle subdivision, la "semifusa".

1. Trianguli et Scuti Declaratio de Proportionibus musicae mensurabilis.

⟨Cap. I⟩ De primis figuris quadratis et sex speciebus notarum ab eisdem compositis

2. Ad habendam notitiam perfectam artis musicae mensurabilis, sciendum est quod ad laudandum trinum Deum et unicum tres sunt species figurarum quadratarum, ex quibus sex species notarum simplicium formantur. 3. Ex maxima quadrata solum una species constat quae larga vocatur. 4. Ex media quadrata duae species fiunt, scilicet brevis et longa. 5. Ex suprema quadrata tres species fiunt, scilicet semibrevis, minima et simpla.

6. Ex praedictis apparet quod plures non poterint convenienter assignari species notarum. 7. Haec omnia in parva figura trium notarum quadratarum et in scuto subsequente sex notarum simplicium patent.

8. Tres primae species, quae prima figura vocatur.

Sex species simplices, quae secunda figura vocatur.

1. ⟨Cap. II⟩ De variatione sex specierum notabilium et modo perfectionis et imperfectionis earundem in figura trianguli

2. Cum sex sunt species notarum simplicium prout ostensum est in scuto, sciendum est quod praeter simplam quam impartibilem dico quia solam unitatem significat, quinque aliae species variantur secundum diversam appositionem punctorum et puncti carentiam.

3. Prima regula est talis: omnis nota praeter simplam in praedicta figura triangulare puncto carens omnino imperfecta est.

4. Secunda regula est: omnis nota quae supra se punctum habet semel perfecta dicitur quia ipsa perfecta est ex propinqua nota oblique ascendente, id est, tres tales valet; vel quia minima perfecta, quae est prima perfecta species, in compositionem ejus cadit.

5. Tertia regula est: omnis nota quae sub se punctum habet bis perfecta dicitur quia et ipsa et proxima oblique ascendens perfectae sunt, sicut prius, aut quia tam semibrevis quam minima perfecta in compositionem ejus cadunt.

6. Quarta regula est: omnis nota quae supra se et sub se simul punctum habet ter perfecta dicitur quia ipsa cum duabus proximis speciebus oblique ascendentibus perfecta est; vel quia brevis, semibrevis et minima omnino perfectae in compositionem ejus cadunt.

7. Quinta regula est: omnis nota quae sub se duo puncta simul habet quater perfecta vocatur quia ipsa et tres proximae species oblique

ascendentes perfectae sunt; aut quia longa, brevis, semibrevis et minima omnino perfectae in compositionem ejus cadunt.

8. Sexta regula talis est: omnis nota quae post se punctum habet omnino perfecta dicitur quia ipsa et omnes notulae oblique ab ea ascendentes omnino perfectae sunt, praeter simplam impartibilem.

9. Haec omnia in trianguli figura patent quae tertia figura vocatur.

1. ⟨Cap. III⟩ De proportione notarum ad invicem in figura trianguli praedicta.

2. Praeterea sciendum est quod per modum numeri, id est arithmetice procedendo, descendimus a simpla usque ad largas, sed per modum musicae mensurabilis ascendimus a largis dividendo usque ad simplam impartibilem.

3. Si igitur a qualibet larga in figura trianguli directe sursum ascendamus usque ad notam supremam sui gradus in linea superiori obliqua, duplares facimus, id est, quaelibet nota dupla est respectu notae superioris sibi proximae.

4. Si vero a basi trianguli, id est a qualibet larga, usque ad quamlibet notam sibi correspondentem in linea sinistra trianguli oblique ascendamus, triplares facimus, id est, quaelibet nota inferior tripla est respectu notae superioris sibi proximae.

5. Si autem a qualibet perfecta in linea dextera trianguli usque ad quamlibet imperfectam in linea sinistra ejusdem directe recurramus, sexquealteras facimus, id est, quaelibet nota valet sibi proximam et ejus medietatem.

6. Si etiam a latere trianguli sinistro et ab ejus basi similiter oblique ascendamus usque ad notas et spatia lineae trianguli dexterae, sexquetertias facimus, id est, quaelibet nota inferior valet sibi proximam et ejus tertiam partem.

7. Ex praedictis apparet quod in latere dextero trianguli sunt quinque notae omnino perfectae. 8. In latere sinistro sunt quinque notae omnino imperfectae. 9. Decem vero mediae inter latera praedicta ac etiam in basi similiter sunt perfectae et imperfectae respectu notarum diversarum.

10. Haec omnia per numeros in figura trianguli descriptos apparent.

11. In angulo superiori hujus trianguli ponitur simpla quae nec perfecta nec imperfecta dicitur, quia impartibilis est. 12. In angulo dextero ponitur nota omnino perfecta. 13. In angulo sinistro ponitur nota omnino imperfecta.

14. Sed notandum quod simplae solis vocalibus sunt aptandae, quia indivisibles sunt. 15. Et nullo modo syllabae apponantur, nisi plures super eandem syllabam concurrant, quia syllabae divisibiles sunt, et ideo non sunt minimis simpliciter proportionales.

1. ⟨Cap. IV.⟩ De varietate pausarum et earum diffinitione

2. Circa pausationes sciendum est quod singulae pausae singulis notis in figura trianguli suprapositis correspondent in valore. 3. Unde et pausae non punctuatae notis non punctuatis correspondent in valore. 4. Pausae vero punctuatae similiter suis notis correspondent in valore. 5. Ideo notulae suprapositae sunt in figura pausarum ut cuilibet pateat evidenter quae sint pausae hujusmodi notarum et etiam diversitas pausarum per appositionem punctorum; et ideo quot sunt notae in circulis trianguli, tot sunt pausae eis correspondentes et non plures, ut patet in figura ex altera parte scripta.

6. Explicit trianguli et scuti declaratio de proportionibus musicae mensurabilis

Tres primae species quae prima figura vocatur

(sec. **A**)

Sex species simpliciter quae secunda figura vocatur

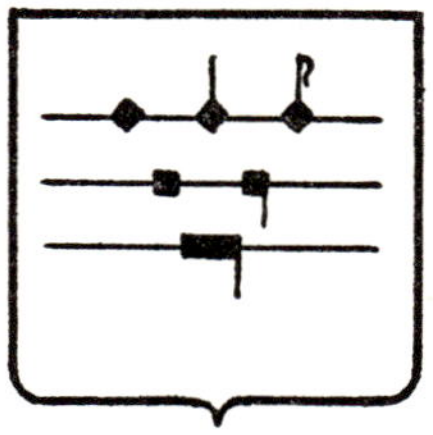

(sec. **A**)

(sec. **A** et **C**)

Apparat critique.

1 Trianguli... compositis *om* **A** Proportiones musicae mensurabilis Fratris Roberti de Brunham. De primis... compositis **C** Declaratio Trianguli superius positi et figurae de tribus primis quadratis et earum speciebus ac etiam scuti per Magistrum Johannem Torkesey **L** *Capitulum totum deest in* **V** **2** Actus *pro* artis **L** mensuralis *pro* mensurabilis **A** *et passim* Unum *pro* unicum **C, L** Simpliciter *pro* simplicium **A** **5** brevis *pro* semibrevis **A** **6** Ex praedictis... notarum *om* **A** Notarum *om* **L** Quadrata-

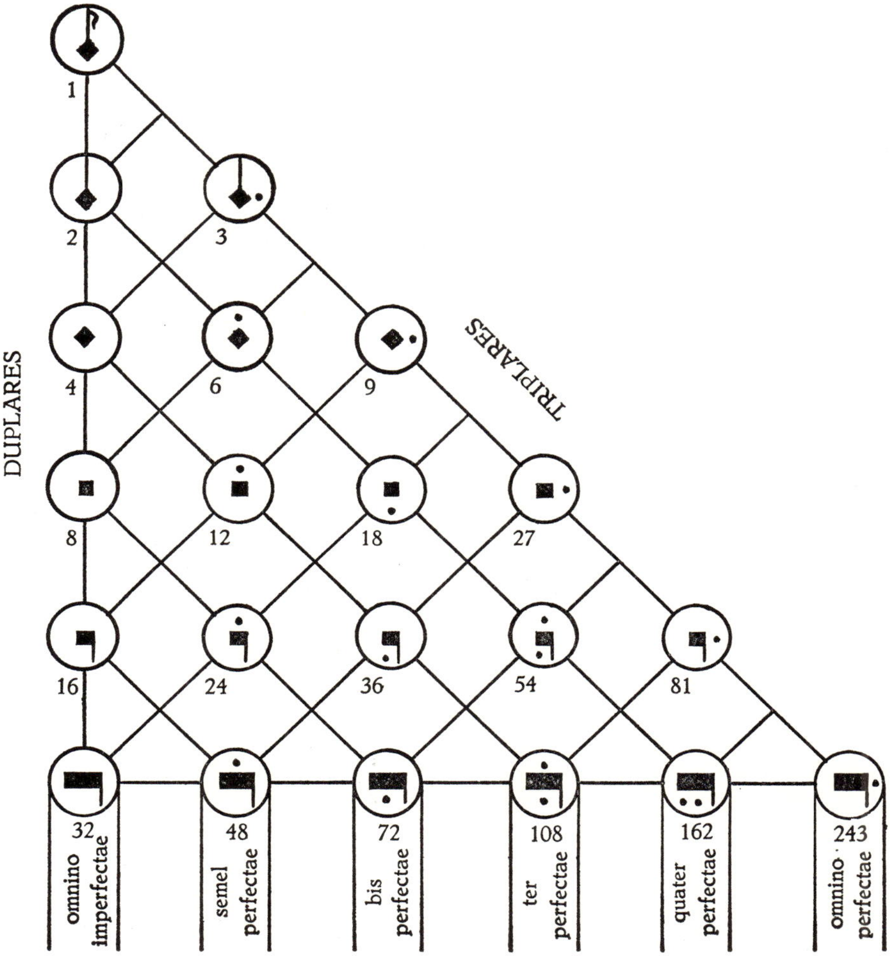

Proportio sexquealtera

rum *om* **A, C** Pateant *pro* patent **A** Et figura trianguli *post* simplicium **C**
1 Cap. II *om mss* De variatione... trianguli *om* **A, C, V** In figura trianguli supraposita **L** **2** quod *pro* quia **L** Signat *pro* significat **A, L** Variuntur *pro* variantur **C** Puncto *pro* puncti **A** Carentia *pro* carentiam **L** **3** Prima regula est talis *in* **A** *tantum* Regula **L** Quia omnis notula *post* carentiam **C, V** In praedicta figura triangulare *om* **A** Excepta simpla quae indivisibilis est *pro* praeter simplam **L, V** Quae caret puncto *pro* puncto carens **L, V** **4** Secunda regula est *in* **A** *tantum, sicut* Tertia regula est, etc.... Notula pro nota **C, L, V** *et passim* Est *pro* dicitur **C, L, V** Proxima *pro* propinqua **C, L, V** Et tamen illa pars non est perfecta *pro*

tres tales valet **V** Aut *pro* vel **C, L, V 5** Et ipsa perfecta est ex proxima nota *pro* et ipsa... sunt **L** Et ipsa perfecta est proxima oblique ascende *(sic)* et illa pars ei proxima perfecta est sicut prius **V** Semibrevis omnino perfecta *pro* semibrevis **V** Ejus *om* **A 6** Illa notula *pro* omnis nota **C** Illa vero notula **V** Simul *om* **A** Semel **V**, similiter **L** *pro* simul Proximis *om* **A, C** Quia et ipsa perfecta est et tres (duae **V**) proximae species oblique ascendentes ex quibus ipsa componitur **L, V** Ascendentibus obliquis *pro* oblique ascendentibus **A, C 7** Illa notula *pro* omnis nota **C** Illa vero notula **V** Duos punctos *pro* duo puncta **A** Semel *pro* simul **V** Dicitur pro vocatur **C, L, V** Et ipsa perfecta est et tres proximae species oblique ascendentes ex quibus ipsa componitur *pro* ipsa et tres... perfectae sunt **L, V** Proximae *om* **A, C 8** *Hic legitur in* **L** *tantum, post* impartibilem: Omnis nota quae supra se simul duo puncta habet quinquies perfecta dicitur, quia et ipsa perfecta est et quatuor proximae species oblique ascendentes ex quibus ipsa componitur, aut quia larga, longa, brevis, semibrevis et minima omnes perfectae cadunt in compositionem ejus. Quia... impartibilem *om* **A** Quia et ipsa perfecta est et omnes notulae oblique ab ea ascendentes omnino perfectae sunt, excepta sola simpla quae est impartibilis **L** Et ipsa perfecta est et omnes partes ipsam oblique componentes omnino perfectae sunt excepta sola impartibili quae simpla dicitur **V 9** Haec... vocatur *om* **C, L, V**

1 *Hic legitur in* **A** *et* **L** *Cap. IV* "Circa pausationes..." Cap. III *om mss* De proportione... praedicta *in* **C** *tantum In marg* **L** *rub. litt.* expositionem Trianguli et Scuti **2** modo numeri *pro* per modum numeri **C, L, V** arsmetrice *pro* arithmetice **A, C** armetrice **L** artismetrice **V** musice *pro* per modum musicae mensurabilis **C, L, V** simplas *pro* simplam **C, V** impartibilem *om* **A, C, V 3** linia *pro* linea **A** *et infra* **4** usque *om* **C** sibi *om* **C, V 5** suam proximam *pro* sibi proximam **A 6** usque ad notas in spatio lineam trianguli dextero *pro* usque ad notas... dexterae **A 9** Decem vero... imperfectae *deest in* **V** Simul *pro* similiter **A 7—9** Ex praedictis... diversarum *in* **L** *dupliciter ffo 91 et 94; fo 94 leguntur eadem ac in* **A** *et* **C**. *Fo 91 legitur:* Ex praedictis notis apparet quod simplae notae in latere dextro trianguli omnino sunt perfectae usque ad simplam exclusive. In latere sinistro singulae notae omnino sunt imperfectae usque ad simplam exclusive. Omnes notulae mediae inter duo latera positae ac etiam inter angulos basis similiter sunt perfectae et imperfectae respectu diversarum notarum apparet. **10** discripta *pro* descriptos **A 11** indivisibilis *pro* impartibilis **A 14—15** Sed notandum... proportionales *om* **A** *Legitur in* **L** *fo 94 et* **V** Sed notandum quod simplae solum vocalibus sunt aptandae, quia indivisibiles sunt, et ideo non sunt minimis simpliciter proportionales **15** minimis *om* **V** proportionabiles *pro* proportionales **V**

1 Cap. IV *om mss* De varietate... diffinitione *om* **A, V** De natura pausarum superius descriptarum **C** 2 Pausas *pro* pausationes **A, C** Supradictis *pro* suprapositis **V** In valore *om* **A, C, V** *et infra* **3** punctatae *pro* punctuatae **C** *et infra* Concordent *pro* correspondent **V** **5** quotae... totae *pro* quot... tot **C** In triangulo *pro* in circulis trianguli **C** in circulo trianguli **V** et non plures *om* **C, L** Ut patet... scripta *om* **C, L V** *Hic legitur iterum in* **V** Haec omnia patent in figura praedicta per numeros descriptos **6** Explicit... mensurabilis *deest in* **A** Explicit... declaratio **L** fo 91 Expliciunt Regulae Magistri Johannis Torkesey. De sex speciebus notarum simplicium declaratis in figuris trianguli et scuti praecedentium, quod J. W. (scripsit) **L** fo 94 Explicit tractatus Fratris Roberti de Brunham de proportionibus musicae mensurabilis **C**.